ワンネス・ブック シリーズ第五巻

ワードの「死後の世界」

J.S.M.ワード 原著 ／ 浅野和三郎 原訳

桑原啓善 編著

地獄のどん底から帰った体験記

原著者ワード氏の叔父 H.J. リッキー氏の写真。
リッキー氏は、イギリスで 1914 年1月5日死去。
（本書は、叔父リッキーからの霊界通信をワードが自動書記で受信したその記録です。）

本書は「ワードの『死後の世界』」の書名で、昭和六十三年に㈱コスモ・テン・パブリケーションから発行されていましたが、このたび「ワンネス・ブック シリーズ」の一冊に加えるために、新版としてでくのぼう出版社から発行いたしました。

旧版の序文

これは物語ではありません。小説のように面白く、劇画のように変化に富んでいますが、決して、つくられた物語ではありません。ほんものの霊界通信、すなわち、真実の死後の世界の姿を伝えたものです。イギリスのワード氏が自動書記という方法で、霊からの通信を受け取ったもので、世界で最も広く読まれている霊界通信の一つです。日本でも浅野和三郎氏の名訳で、ワードの「死後の世界」としてよく知られています。本書は若い人々に読んでもらう目的で、原著を圧縮して、新しく書き直しました。しかし、あくまでも原著に忠実に、真実を伝えるように配慮しました。

霊界通信としての本書の特色は、地獄の模様を生々しく伝えていることです。それも、地獄のどん底までおちて、そこからもう一度はい上がって来た人物の体験を、そのまま伝えているので、まさに真にせまり、全体が小説のように波乱に満ちています。

ただ、読者の方々に知っておいていただきたいことは、地獄はたしかに存在していますが、死後の世界というのは広く深く、なかなか一筋縄ではいかぬ、ということです。すなわち、死後の世界というのは、物質世界のように、つくりつけの世界ではないのです。「心」がつくる世界です。ですから、人の心がそれぞれ違うように、その世界は沢山あるということです。従って、本書の陸軍士官が経験した地獄は、彼にとっては真実そのものでしたが、誰にとっても、何から何まであのとおりだとは限らない、ということを知っておいて下さい。

また、心がつくる世界といっても、ふわふわした夢の世界ではありません。世界で心ほど真実なものはありません。ですから心のつくる世界は、死後の霊にとっては、地上で私達が経験するのと同じように、現実そのものです。

また、心が真実なものであるのと同時に、もう一つ、心にはすべての人に共通した性質があります。従って、心がつくる死後の世界には、左記のような真実にして共通の性質、すなわち法則があります。

①人が死後に入る世界は、心の程度（清らかさ、または罪けがれ）に応じて、天国から地獄まで、沢山の階層に分かれていること。

②心が浄化すれば、その住む世界も上方へと進歩すること。

③心が暗く汚れている人には、現実に地獄が存在すること。その見る風景や、経験する出来事は人によって違うが、下層ほど暗く苦痛であることは、共通していること。改悛と心の浄化で、そこから脱出できること。

右のような法則からおしはかる時、陸軍士官が経験した、「どん底の闇地獄」「鬼に追われる地獄」「残忍地獄」「欲望地獄」「唯物主義者の地獄」「にせ紳士の俗物地獄」、このように、同じ心の人が集まって、同じような苦しみを経験している世界がないとは言えません。同じように、叔父さんの住む「夕日の国」（平信仰の人々の国）、その上の「黎明《れいめい》の国」（信仰心をもつ人々の国）、更にその上の「常夏《とこなつ》の国」（確信をもつ人々の国）も、ないとはいえないでしょう。更に更に、火の壁（第二の死）を越えて、すばらしい天国が実在していることも、十分に考えられます。

私達は、肉眼でしかものが見えず、肉眼で見たもの、つまり物質世界しかないと思って生活していますが、本当は肉眼で見えないところに、私達の知らない霊の世界があり、私達は死ぬと、滅びることなく、霊となって霊の世界に入って、自分の心の美しさや清らかさに応じて、それぞれの生活を続けるのではないでしょうか。

また、この現実の物質世界の生活においても、たとえば霊の憑依《ひょうい》を受けたり、または色々な霊からの影響を受けながら、生きているのではないでしょうか。もしそうだとすれば、私達は考え方を改めて、もっと霊のことを知らねばなりません。それも、正しい霊の真実を知るように、勉強せねばならないと思われます。それが自分の幸福であり、また、世界が良くなるための大切な道ではないでしょうか。

本書の「死後の世界」は、そういう意味で、正しい霊の知識を与えてくれるものです。どうか、本書が広く沢山の人々に読まれるようにと希望しています。

一九八八・八・二七

編著者　記

ワードの「死後の世界」目次

目　次

目次

目　次

イラスト／コウ

前編 叔父さんの住む霊界

一、不思議な夢

一九一四年一月五日、月曜日、ワード氏の叔父さんは、八十才の誕生日を迎えたその日に亡くなりました。

実は、その一カ月前に、ワード氏は叔父さんの亡くなる夢を、ありありと見たのでした。それは叔父さんの臨終から、お葬式の模様、それに、自分自身が式に参列している姿まで、はっきり見えたのでした。その時の悲しい気持、また、お悔みに来た人達の表情や言葉まで、はっきりと胸にきざみつけられて、覚めてからも消えないのです。

で、そのことを妻のカーリーに話すと、ではすぐロンドンへ行ってみましょう、ということになったのですが、あいにく、カーリーが急病になったので、とうとう行けないままになっていました。

ですから、一月五日の朝、叔父さんの死の知らせを受けると、ワード夫妻はとるものもとりあえず、ロンドンへ急ぎました。

でも、ロンドンへ着いたワード氏は、何もかもびっくりすることばかりでした。実は、お葬式の模様といい、集った人達の顔ぶれや、挨拶の仕方といい、それに棺に眠っている叔父さんの顔付きまで、夢で見たのとそっくりだったのです。

あまりのショックに、ワード氏はそれから何日も悲しい日を送りました。

ところが、叔父さんの死から一週間目、一月十二日の月曜日、夕方のこと、たまたま母のカーリーと庭に出ていた、五才になる娘のエディーが、急にこんなことを口ばしりました。

「あれ、あんな所におじい様が。ほれ、いつもの黒いズキンをかぶって。あ、こっちへふわふわ降りて来るわ。」

「アラ、ご機嫌ようだなんて、おかしいわ。ホレホレ、もうあんな所で、おじい様ったら、お星様をまちがえて、お花のように摘んでいるわ。」

これは、きっと熱のせいだ、とカーリーは思って、エディーを部屋につれていって寝かせました。

ところが、その夜のことです。ワード氏は不思議な夢を見ました。急に、寝室の中がほの明るくなったと思うと、叔父さんの顔が現われました。それは生きてる時の顔と似ているのですが、どこか違う。そう、生顔と死顔をちゃんぽんにして、二で割ったような顔です。その叔父さんが口をひらいて、こう言うのです。

「初めは、娘のカーリーに通信しようと、やってみたのだが、あれは鈍感でいっこうに駄目だ。孫のエディーには見えとったようじゃが、あ、小さくては役にたたん。で、こんどはお前に試してみたんじゃが、お前はテレパシー能力があるとみえて、これこの通り大成功じゃ。」

叔父さんは、嬉しそうにニッコリしました。

「では、夕方、エディーがおじい様を見たと言ったのは、本当だったのですか。お星さまを集めて、花束にしていると言ったのは。」

「そうじゃ、わしじゃ、本当じゃ。じゃが、星を摘んだのではない。花じゃ、霊界の花は、星のようにきれいだから、うっかりエディーは見違えたのじゃろう。」

「で、叔父さん、貴方は今何処に居られるのです。その霊界とやら、ですか。」

「そうじゃ、そうじゃ。これこの通り、わしは霊界でピンピンしておるわい。」

そう言うと、叔父さんの顔は、心なしか、生前より若やいで、生き生きと見えました。

「で、そのことじゃ、人は死んでも死なぬということじゃ。わしはこっちの世界へ引越して、初めてそれを知った。で、その喜びを、お前達にも分けてやろうと思ってな。そうじゃ、わしの葬式の日に、お前もカーリーも、すっかりしおれていたな。カーリーのやつ、わしの死に顔を見て、オイオイ泣き出しおって。そうしたら、お前はハンカチをとり出して、カーリーの手に持たせてやったな。」

「オヤ、叔父さんは、なぜ、そのことをご存じなのですか。」

「それ、それが、わしが生きておる何よりの証拠じゃ。わしとは、ホレ、今ここに居るこれがわしじゃ。死体は、いわば、わしの脱け殻じゃ。」

「では、カーリーは、その脱け殻に、涙をこぼしていたわけですか。」

「さよう。それが不憫《ふびん》でな。いや、おかしくもあるし。わしはそばに立っていて、やきもきしたもんじゃ。」

「すると、叔父さんは、お葬式の日のことは、何もかも見ておられたのですか。」

「そう、何もかもじゃ。それに、わしはわしの臨終についても、見て何もかも承知している。いや、それについては、またゆっくり話すとしよう。ともあれ、今日は、お前と通信ができて、まことに満足じゃ。では、次の月曜日を待っていておくれ。それがわしの誕生日で、また命日じゃからな。」

それから、ワード氏はぐっすり眠りにおちたのか、翌朝は、いつものように目が覚めました。でも、頭には昨晩のことが、まざまざと焼き付けられていて、いつまでも忘れられませんでした。

二、叔父さんの臨終

一月十九日、月曜日。ケンブリッジ大学講師のワード氏は、講義の準備に夜を過ごしました。で、夜更けて床につく頃には、先週の夢のことは、すっかり忘れていました。でも、その夜のことです。また部屋の中がほの明るくなると、約束通り叔父さんが出現しました。その夜の叔父さんは、前回より、よほど若々しく見え、生前お気に入りの、粗いチェックの背広を着こんで、初めからニコニコとご機嫌でした。

「どうじゃ。約束どおり現われたであろう。」

「そういえば、今日は月曜日ですね。」

「さよう、わしの誕生日じゃ。」

「誕生日ですって？」

「そう、人は死によって新しく生まれるのじゃ。」

「生まれるのですか。」

「そうじゃ、生まれるのじゃ。このわしを見てごらん。」

「そういえば、今日は、よほど若く見えます。」

「ウハ……そうだろう。これが証拠じゃ。」

「ナニ、死とは恐ろしいものではない。不用な肉体を捨てて、魂になる。つまりホンモノの自分に返ることじゃ。分かるかね。いや、こんなことを言っても、お前には無理じゃろう。よろしい、今日は、わしの誕生、つまり臨終の話をしよう。」

そう言って、叔父さんは、さも楽しい思い出を語るように、傍の椅子にゆったりと腰を下ろしました。

「あの時……」叔父さんは、ほんの一瞬だけ、眉をくもらせて、『苦しいと思ったのは、ほんのちょっとの間じゃった。わしはすぐに、意識を失ったらしい。そのうち意識が少し戻ってきた。いや、そんな気持ちになった。するとどうじゃ。頭が妙にすっきりして、近年にない気分じゃ。だが、どうにも身体だけが重い。すると、その重みが少しずつ消えていく。いや、消えていくというより、自分がその重みの中から、抜けていく気分じゃ。丁度、濡れ手袋から手首を引張り出すようにな。すると、不意に一端が軽くなり、眼がたいへんきいてきた。

さっきまで、さっぱり分からなかった室内の模様だの、集まっている人達の姿だのが見えてくる。と思った瞬間、わしは不意に、自由自在になってしまった。するとどうじゃ、目の下の寝台の上に、わしの身体が横たわっている。その口からは、銀色のキラキラした紐を吐いている。と、その紐が、一瞬ピリピリと振動して、プッツリ――と切れてしまった。

「これで御臨終でございます。」誰やらがそう言うと、ワッとまわりで泣き声がおこった。その時、わしは初めて、自分の死顔をはっきり見た。いや、それは何とみっともない貧弱な物体だろう。これが今まで大切にしてきた自分の顔かと思うと、情けないやら呆れるやら。しかるにじゃ、皆はその物体にとりすがって、オイオイ泣いている。わしはこっけいな気分になって、

「オイオイ、わしはこっちじゃ。」と大声でどなったが、誰もきいてくれん。そこで、傍にいた家内の肩を、ポンと叩くんじゃが、手が肩を通りぬけてしまった。あわてて、二三度叩いたが、家内はいっこうに気付かぬ様子で、かえって、わしは身体ごと、家内

の身体を通りぬけてしまった。

その時じゃ、何とも名状しがたい寒さが、ひしひしと押し寄せてきた。いや、その寒さといったら、とても口では説明できん。何が冷たいといって、これに比べられるものは、人間界にはない。いわば、孤独の冷たさ寒さ。いや、その永かったこと。ブルブル、ガタガタ、まるで何十年も、そうやっているようじゃった。

と、急に、その寒さがうすらいできた。ふと気が付くと、誰かが、わしの傍に立っている。いや、その姿を説明せよといっても、わしにはできん。

その時は、無我夢中だったから、とんと、見当もつかなかったが。その後、しばしばお目にかかるので、漸く分かってきたが……　いや、それとても分かるなんてものじゃない。とにかく、そのお顔といい、お召物といい、お軀《からだ》といい、時々刻々に変化するのじゃ。光り、キラメキ、輝き。それでいて、全体に、言うに言われぬお優しい、温かい、しかも凛とした気品が漂よっているのじゃ。

わしは、これは「天使じゃ」と悟った。と、その瞬間じゃ、何ともいえぬ懐かしい気持ちが、ひしひしと押し寄せてくる。わしは、もう何十年何百年も、このお方と一緒に居たような気持ちになった。いや、てっきりそうじゃ。このお方は「わしの天使さま」じゃ。そう思ったとたん、今まで居た部屋も、部屋に集まっていた人達も、急に消え失せてしまった。そしてふと気が付くと、わしは何ともはや美しい景色の中に立っていたのじゃ。

こりゃ何という景色だろう。わしの見た名所旧蹟に似ておって、ぜんぜん違ったところもある。見渡すかぎりの丘つづきに、点々と森があり、草が茂っている。さまざまの動物が走り、蝶が舞い、あらゆる種類の花が、いっせいに咲いている。熱帯産の椰子の木があるかと思うと、傍に英国産の樫の木が茂るというふうで、しかも、妙に調和を保っている。

いったい此処《ここ》はどこだろう。地上かしら、わしはまだ死んでおらんのかな。そう心にいぶかった。すると、わしの天使は、すぐにわしの心を察して、「此処は死後の世界である。そなたは山川や草木があるから、不思議に思うらしいが、霊の世界は無形の世界ではない。これまで地上に在ったものは、亡びると、みなこちらの世界に形を現わす。」

そう聞いたわしは、では、思想もやっぱりこちらに現われるかしら、と疑った。と、その瞬間、目の前の光景が、パッと消え失せ、かわって何やらしらんが、千万無数の幻影が、あっちからもこっちからも、にょきにょき、めきめき這い出し、生え出して、たちまちわしをとり囲んでしまった。いや、その時の苦しさ重さ。わしは、幾千万トンの重荷に、押しつぶされたあんばいじゃった。

それを幻影と言ったが、実は、みな実体があるのじゃ。しかもじゃ、よく見ると、それが皆わしの生涯の出来事じゃ。それが映画のように、目の前に再現される。どんな小さな事も一つも省かれることなく、しかも、それが何の順序連絡もなしに、いっせいにパッと展開する。いやその時の、恥ずかしさ辛さ苦しさ。わしは赤面で、満身から血が吹き出す思いで、幾百千年もそうやっているようじゃった。

と、その時、わしの心に、天来の福音がひらめいた。「祈ってみよう」。そうじゃ、わしは生まれて初めて、神に祈る気を起こした。で、一心不乱に、神に祈りを捧げた。するとどうじゃ、あれほど混沌としていた風景が、しぜんに整理され、類別されていく。

そして、とうとうしまいには、年代順に並べられて、まるで一つの街道のようになった。で、その街道が、先へ先へとつづいて、行先は神の裁きの廷《にわ》に達するというあんばいじゃ。はて、わしはどうしたものか、と思案していると、不意にわしの天使様が現われなさった。そして、「ついて来い」とおっしゃる。わしはいそいそと、その後に従った。

天使様はずんずん進まれ、不意に数ある景色の一角を横切りなさった。と、どうじゃ、今まであった景色がみるみる消え失せ、わしらは、とある田園の中に立っていた。われわれは、更に野を越え川を横切って、とうとう丘の頂きに達した。見ると、目の下に、広々とした田園風景がひらけ、そこに、一棟の立派な建物がキラキラ光って見えた。

「あれが、これから、そなたが入学する学校じゃ。」

天使様は、建物を指さしてそうおっしゃった。

「え、私が学校に、でございますか。私はもう子供ではございません。」

「いや子供じゃ。私の目から見れば、まるでみどり子じゃ。」

そう言われる間に、天使様の背丈は、ずんずん高くなって、それに比べれば、わしの身体は、まるでケシ粒のように見えた。

で、わしはすっかり恥じいって、低く頭をたれた。すると天使様が、「ここは煉国である。そなたは多少の信仰があるから、此処に入ることができた。もし一片の信仰もなければ、この下の地獄に入るところであった。そなたは、これから学ばねばならぬことが沢山ある。せいぜいしっかりやりなさい。」そう言い終ると、天使様の姿はプィと消えてしまった。

またしても、わしは一人きりになってしまった。でも今度は、少しも淋しくない。かえって凜々とした勇気がわいてくる。まるで小学校に入る子供のように、目の前の学校を見ていると、妙に胸がわくわくしてくるのじゃ。

こうして、とうとう、わしの煉国での第一歩が始まることになった。いわば、わしの二度目の誕生じゃ。これから先のことは、又、次の回の楽しみにしてもらおう。お前もだいぶ疲れたようじゃ。では、今晩は、これでお休み。』

そう言うと、叔父さんは立ち上がり、右手をワード氏の額に、そっとあてがいました。

それきり、ワード氏はいつものように、深い眠りにおち入ってしまったようです。

三、煉国の学校

一月二十六日、月曜日。ワード氏は先週の夢のことが、気になっていたので、床についてからも、しばらくは眠れませんでした。

でも、いつか眠ってしまったのでしょう。ふと気がつくと、またしても部屋の中が、ほの明るくなって、叔父さんがひょっこり現われました。

「ご機嫌よう。今日は前回の話のつづきじゃ。そうそう、わしの入学のくだりからじゃったな。」

叔父さんはそう言って、どっかと椅子に腰下ろすと、生前から愛用のパイプをとりだし、プカプカとくゆらせました。よい香りが部屋いっぱいにたちこめます。でも、ふしぎに、煙りは少しもけむくないのです。

「さて……」叔父さんはもう一度、ゆっくりプカリと煙を吐きだすと、例の調子で話しだしました。

『わしは、眼下に見える学校を前にして、はて、どうやって行ったものか、と思案した。近いように見えても、ものの四、五キロはあったじゃろう。

ところが、わしがそう思ったとたん、わしはもう、学校の門の前に立っていたのじゃ。わしはいったいどうやって此処へ着いたのか、かいもく見当がつかん。ふり返ると、はるか彼方に、今までわしが居た丘が見える。

すると、そこへ門がギ……と開いて、品のよいニコニコ顔の老人が現われた。で、早速わしはその老人にきいた。

「私は、どうやって此処へ来たのでしょう。」

「おっ、そのことですか」老人はゆっくりうなずくと、こう答えた。

「此処は霊の国ですよ。従って、思ったことが、すぐ事実になるのです。」

わしは、そういうものかと思って、またしても尋ねた。

「では、此処では、私が行きたいと思ったら、何処へでも、たちどころに行けるのですね。」

「そうです。瞬間に行くことができます。此処では時間というものがありませんからね。でも、何処へでもというわけにはいきません。」

「どうしてです。時間がなければ、空間もないわけではありませんか。」

「いや、そうはいきません。霊の世界は幾つにも分かれています。上から天国・煉国・地獄。ここは中間の煉国です。また煉国も三つに分かれています。ここは一番下の夕陽の国（半信仰の国）です。貴方が自由に行けるのは、この国の中だけです。」

「そりゃ、どういうわけです。私は天国へ行ってはいけないのですか。」

「貴方はまだ何もご存じない。霊の世界では、人はその心の程度に応じて、住む世界が違ってきます。貴方が此処へ来たのも、貴方の心がそれを定めたのです。」

わしがすっかり考えこんでいると、老人は更に言葉をついで、

「いやいや、余計なおしゃべりをしました。そんなことは皆、ここの学校で教えて下さることです。私は、ただの門番でしてな。サアサア、御案内しましょう。ついていらっしゃい。」

老人は先に立って歩きだした。われわれはすぐに教室に着いた。其処には、沢山の児童達が勉強している。いや、児童というのはチトおかしい。みな大人なのじゃ。だが、

身体は妙に発育不全で小さい。顔だけがませているのじゃ。

やがて、先生に紹介された。いや、先生の姿の立派なこと、堂々として総身光り輝いている。その光のせいで、教室全体が明るい。それにひきかえ、生徒達の貧弱なこと。身体は灰色でくすんでいる。その中でも、わしの身体はひときわ真暗じゃった。

先生は親切に手をとって、わしを席に着かせて下さった。いよいよ授業の開始じゃ。いや、わしは未だかって、こんな授業法は見たことがない。先生は何も教えてくれんのじゃ。逆に生徒に質問をされる。生徒がそれに答えると、重ねて先生が質問する。それに答えると、また質問じゃ。どこまでいっても、問いと答えのつながりじゃ。わしはさっぱり調子がつかめず、目をパチクリしているだけじゃ。だが、他の生徒にはよく判るとみえて、授業はどんどん進んでいく。

先生がわしに質問されたのは、それからしばらくたってからじゃった。

「貴方は、何か質問がありますか。」

「ハイ」わしは勢いこんで立ち上がった。で、早速こうお尋ねした。

「私は死んだら、何もかも無くなると思っていました。でも此処には、山もあれば川もあります。とりわけ私には、以前と少しも変わらない身体があります。これはいったい、どういうわけでしょうか。」

「では、貴方に尋ねましょう。人間は何からつくられていますか。」

「肉体と霊魂です。」

「では、死ぬとどうなります。肉体は滅びますか。」

「いえ、滅びません。形を変えるだけです。私の肉体は土になり、そこから植物が発生します。」

「よろしい。では霊魂はどうなります。」

「こちらの世界へ来ます。霊魂もまた滅びません。」

「よろしい。では、霊魂も肉体も二つながら、亡びないわけですね。ただ、肉体の形はどうなるでしょう。」

「それは亡びます。腐って、形を失います。」

「はて、本当に形は消えたのでしょうか。」

「そうだと思います。そうでないという理由も、ないようですから。」

「でも、貴方はこちらへ来て、貴方の生前の思想が形をとって現われたのを、よく覚えているでしょう。思想が形を失わないのに、なぜ、貴方の肉体の形が失われるのでしょう。」

「それは、そうですね。………とすると、こうですか。私が考えた思想が、此処に在る以上、私が此処に在るということは、別の誰かが、私のことを考えたからでしょうか。」

「おっ、貴方はよいところに気が付きました。その通り、貴方より先に、貴方のことを考えた人がいます。そのお方を誰だと思いますか。」

「それは、神様ですね。」

わしがそう言うと、先生はニコニコうなづかれて、

「貴方は、若いのに進歩が早い。勉強の眼目も、結局そこにあるのです」とほめて下さった。

わしは少々よい心持ちになって、思いきって次の質問をしてみた。

「では先生、私は今、肉体を捨てて、形だけとなっていますが、その形も、いつか棄てることがあるのでしょうか。」

その時、教室の中は、しんと静まりかえった。生徒達は、いちように先生の答えに注目した。先生は、ちょっと瞑目してから、静かにこうおっしゃった。

「貴方の質問には、残念ですが、答えることが出来ません。私には、唯、次のことが判っているだけです。私達が天国へ進んだ時は、この形を捨てます。唯、その先はどうなるか、私には判りません。煉国と天国の境には、火の壁があって、それを透視する力は、我々煉国人にはありません。それは丁度、地上の人が、死の黒いベールを通して、こちらが覗けないのと同じことです。我々には、いわば第二の死があるのです。そして死の向う側は、いつも秘密に保たれています。その秘密をご存じなのは、天国に進まれた天使の方々だけでしょう。」

先生はそう言うと、わしの方を見て、ニコリとうなずかれた。それから、一同に向かっ

て、
「さあ、皆さん。今日は予定より、ずっと授業が進んでしまいました。では、ここらで休憩にします。外に出てよろしい。」
先生のその一声で、わし等はまるで小学校の子供同様、ワッと外へとび出して、てんでに遊び始めた。
すると、わしの所へ、チョコチョコと走り寄った小柄の少年がいるんじゃ。それが、さも懐かしそうに、
「よう、リッキー、とうとう来たか」と、わしの肩をポンと叩くんじゃ。で、よく見ると、なんと、それはお前も知っとるAじゃ。いや、三十年も前に死んだ筈じゃが、此処で逢うとは全くの奇遇じゃ。するとAが
「いや…、僕はまだこんな所でマゴマゴしている。面目ない」そう言って、頭をかくんじゃ。でも、顔はニコニコして、けっこう楽しそうじゃ。そのAが
「僕は三十代の血気ざかりに死んだからね。シャバッ気が抜けなくて、チョイチョイ

学校をサボって、地上へ出かけたんだ。おかげで、未だにこのざまさ。マ、そんなことはどうでもいい。どうだい、リッキー、ぼくらの仲間になって、これからアッシリアの建築を見に行かないか」と言うんじゃ。

で気が付くと、わしの周りに、背丈のいろいろ違った少年達……いや、少年といっても顔はまるっきり大人じゃが、つまり精神の発達の違いで、霊体の大きさがまちまちなのじゃ。そのうち、Aなどは、まるっきりチビじゃ。で、その少年達が、てんでにわしを歓迎して握手をしてくれる。そして一緒に行こうと誘う。お前も知っての通り、建築はわしの専門じゃ。じゃから、もう目がない。

でも、わしが「そんな古いものが、此処にありますかな」と言うと、少年の一人が「そりゃ君、地上に在ったもので、こっちに無いものはないさ。ただ、俗悪なものは地獄に行ってしまう。それに最上級のものは、上の世界へ行く。でも、此処のものだって、そう馬鹿にしたものではないぜ」と言う。それで衆議一決、我々はみんなして見物に出かけた。

それ以来、わしはこのグループの一員になった。このグループは皆、生前、有名・無名の建築家の集りじゃ。ナニ、こちらへ来ると、生前の職業がレジャーになる。それは食べることの心配がなくなるから、純粋に創造の喜びにひたれるからじゃ。おかげで、わしなどもこちらへ来てから、メキメキ建築家としての腕が上達した。それが、また何ともいえぬ楽しみでな。

いや、手前ミソはこれ位にして、レジャーの話は、またこの次にゆずろう。今日はつい話しこんで、お前をすっかり疲れさせたようじゃ。ではお休み。この次の月曜日を楽しみにな。』

叔父さんは、例によって、ワード氏の額にそっと右手をあてると、それっきり、ワード氏は深い眠りにおちいりました。

四、夕陽の国

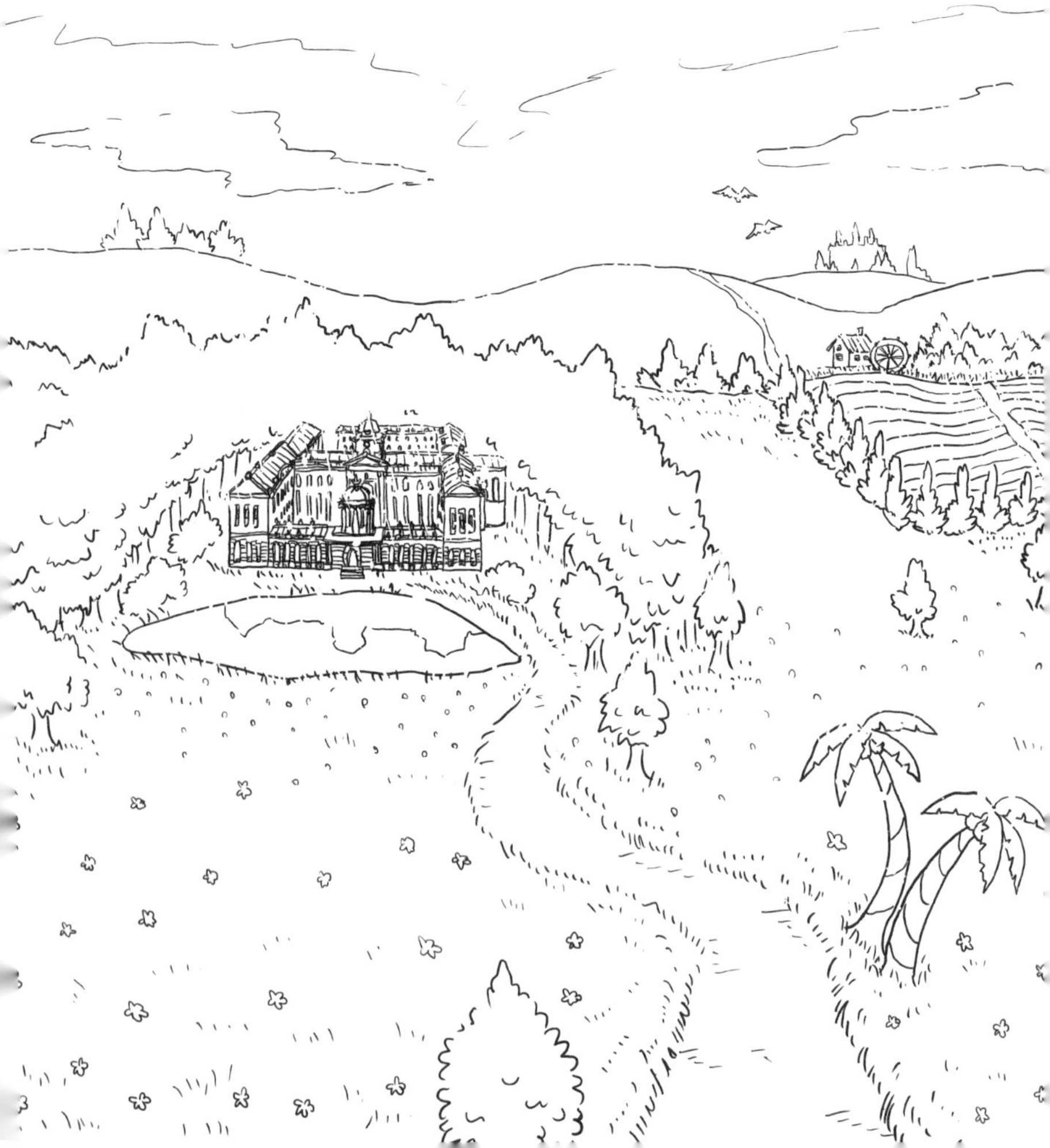

二月二日、月曜日。その夜、叔父さんは、いつものように現われました。でも、今日は妙にメカシこんでいます。背広は渋茶の外出着です。小脇に細身のステッキを抱えこんでいます。

「叔父さん、今日はどうしたのですか。」

「ウム、今日はお前を迎えに来たのじゃ。」

「迎えにって、僕を、何処へですか。」

「わしの国へじゃ。」

「えっ、叔父さんの国へですって。」

「そうじゃ。いつも話しばかりでは、得心がゆくまい。今日は実地見学じゃ。百聞は一見にしかず、今日は、とくと、わしの国を見て貰おう。」

「でも、どうやって、私は其処へ行くのですか。」

「ナニ、それはわけはない。こうするのじゃ。」

叔父さんは近づくと、両手をワード氏の前に大きくかざしました。ワード氏はあわて

て、

「叔父さん、チョ、チョット、待って下さい。もしカーリーが目を覚ましたら、私がいないので、きっと、大騒ぎすると思いますよ。」

「ナニ、そんな心配は無用。お前の身体は、チャンとベッドの上に残して置いてあげる。つまり魂だけが、わしと一緒に旅行するのじゃ。」

「そんなこと、私にできますか。」

「できるとも、お前にはその素質がある。それにわしが付いておる。ひと廻りしたら、夜明けまでに、きっと此処へ帰してあげるさ。」

叔父さんはそう言って、もう一度、両手をワード氏の前に、大きくかざしました。すると、ワード氏はたちまち気を失ってしまったようです。

それから、いくらか経って、ふと気付いてみると、ワード氏は叔父さんと二人で、丘の上に立っていました。でも、それは何という、美しい景色でしょう。

美しいというより、まだ見たこともない、柔かい黄昏の明るさです。立っている緑の丘のスロープの先に、目のように静かな湖水があります。その湖水に影を落として、古いゴシック風の建物があり、その塔には、青い蔦が、シルエットのように巻き付いています。

「あれが、わしの学校じゃ。」

叔父さんは、ステッキの先で、その建物を指しました。

ワード氏には、なにもかも珍しく、しばらくぼんやり、周りを見つめていました。

それにしても、こんなに明るい黄昏なのに、お日様は空のどこにもないのです。

「叔父さん、夕日は」ときくと、

「此処では、日は昇らず、沈みもしない。つまりこの世界ぜんたいが、いつも黄昏なのじゃ。」

よく見ると、陽の代りに、空気そのものが、キラキラとした黄昏の光なのです。それが存在するすべてのものに、柔かい安堵の色を与えています。

「死者の国にふさわしい色ですね」

ワード氏が感にたえてそう言うと、叔父さんは
「いや、これが死後の世界のすべてではない。同じこの煉国でも、上の信仰の国（黎明の国）へ行くと、朝の光にかわる。丁度、イギリスの午前八時頃の明るさと思えばよい。更に、最上の確信の国（常夏の国）へ上ると、光は熱帯の白昼の明るさになる。わしはチョットかい間見たことがあるが、とても明るすぎて、耐えられるものではない。」

「でも、太陽がないのに、なぜ光があるのですか。」

「それは心の光じゃ。だから、下の地獄へ行けば真暗じゃ。不信の徒の心の闇が、それをつくり出すのじゃ。」

「すると、天国はよほど明るいのでしょうね。」

「そんなことはわしには分からん。でも、煉国との境に火の壁があって、それを越えねばならんのじゃから、多少は想像もつこうというもんじゃ。」

そんな話をしているうちに、二人は次第に、丘のスロープを降りて行きます。道のあちこちには、いいようもない美しい花が、無数に咲いています。ワード氏は、思わず、

その一輪を摘みとりました。すると、どうでしょう。いま摘みとった茎の跡から、新しい花がパッと生え出ます。驚いて手に持った花を落とすと、土の上で急に消えてしまいました。ワード氏がびっくりしていると、叔父さんは、

「ワハ……無駄はお止し。死者の国に、もはや死は存在しない。限りない生命があるだけじゃ。」

やがて、二人は学校に着きました。叔父さんは「この建物は、オックスフォード大学のクインス・カレッジの元の建物じゃ」と説明します。そう云えば、確かにクインス・カレッジです。ワード氏は、以前に絵で見たことがありました。

やがて、一つの大広間に入って行きました。

「ここは学生ホールじゃ。つまり娯楽場じゃ。」

なるほど、多数の人達が集まって、その中の幾人かは、チェスにうち興じています。覗くと、その中に、一人だけずば抜けて強いのがいて、しきりに相手を負かしています。でも、その人物は、どこやら様子が変です。見ると後頭部から、銀色の細い光った紐が、

後方へどこまでも伸びています。すると、叔父さんはすぐ気付いて、

「ああ　あれはラスカーじゃ。お前も知ってるあのチェス気違いじゃ。まだ生きてるくせに、毎晩ここへ来て、勝負をやってる。」

ワード氏は、思わず、ラスカーの肩を叩こうとしたのですが、余り真剣なので、そのまま通りすぎました。

やがて校舎を出て、芝生の庭を横切ると、こんもりした森に出ます。その森蔭に、心地よさそうな一軒の家があります。

「ここがわしの住居じゃ。」

中に入ると、調度品などは簡素なのですが、とても片付いて清潔です。

「これでは掃除がたいへんですね。」

「ナニ、掃除の必要はない。住む人の心次第で、しぜんに綺麗にもなり、汚くもなる。」

居間には、叔父さんが生前から愛用している、マホガニーの揺り椅子が置かれ、広い窓ごしには、古びた学校の建物が見えます。叔父さんは揺り椅子に腰を下ろすと、愛用

りします。

のパイプをふかします。ワード氏は、飾り棚に置かれた、沢山の建築のモデルを眺めたりします。

すると叔父さんが「はて、モリーの奴、もう感付いたらしいぞ」とつぶやきます。

「えっ、モリーって、あのモリーですか。」

「あのモリーじゃ。それみろ、もう其処へ来た。」

すると、ドアーを突き抜けて、モリーがとび込んで来ました。モリーは狂気のように、ワード氏にとびついたり、吠えたり、果ては手や顔をペロペロとなめ、ひとしきりジャレ廻ると、すっかり落着いたとみえて、叔父さんの足元に、長々と寝そべりました。

「叔父さん、モリーは、どうして此処に居るのです。犬も死ぬと、此処へ来るのですか。」

「そうじゃ。動物はたいてい、この煉国の最下層に来る。だが、群をつくって、人間とは別の所に住んでいるのじゃ。ただ、モリーのように可愛がられた犬は、しばしば主人を慕って、現れることが多い。」

「動物は此処へ来て、何をするのですか。もう獲物を探す必要もないでしょうに。」

「そうじゃ。最初のうちは、獲物を追ったりするが。食べる必要もないところから、馬鹿らしくなって止めてしまう。で、たいていおとなしくなって、過去の幻影を追ったりしている。」

「幻影って、どんなことでしょう。」

「たとえば、モリーの鼻の先に、じっと心を集中してごらん。」

ワード氏が言われたとおりにすると、すーっと、あたりの風景が消滅して、かわって一種の光線が現れ、やがて一つの絵になりました。

その絵を見つめると、湖水にボートが現れ、カーリーがしきりに漕いでいます。モリーはその舳先に坐っています。やがて絵が一変して、河岸の公園でカーリーが休んでいます。カーリーが紅茶を飲んでいる間、モリーは傍に寝そべり、貰ったお菓子をかじっています。

「どうじゃ、分かったか。まずだいたい、こんな他愛もないことじゃ。」

「でも、どうして、私にそれが分かったのでしょう。」

「それはテレパシーじゃ。この世界では、犬であれ人間であれ、相手の心の内は、互いに見通しじゃ。お前も此処に居たら、すぐそれに馴れるさ。それぞれ、そう言ってる間に、もう一人、新しいお客じゃ。」

ワード氏が、じっとドアーに注意を注ぐと、確かにある一つの意志が、この部屋に向かっているのが判ります。ほどなく、ドアーが開いて、中年の紳士が現れました。叔父さんは立ち上がって、いんぎんに迎えます。紳士が入って来ると、急に、部屋がパッと明るくなり、不思議な安堵感が満ち溢れます。

叔父さんは「ピエトリーさん、これは私の甥でして」と紹介します。

紳士はニコやかに親しげに、ワード氏と握手をかわします。

ピエトリーさん。そうです、ワード氏は思い出しました。この人は、生前、相当著名なカトリックの伝道者でした。それにしても、叔父さんは、なぜこの人と知り合いなのだろう。

すると、紳士は、すぐワード氏の疑問を察知して、

「叔父さんとは、ごく最近知り合ったのです。叔父さんが地獄の研究にご熱心なのを知り、私が、多少その方面の仕事をしている関係で、お手伝いする気になったのですよ。」

叔父さんが、すぐその後から、

「ピエトリーさんは、地獄の学校の先生をしておいでなさるのじゃ。」

「エッ、地獄にも学校があるのですか。」

ワード氏がびっくりして聞きます。

「そうです。でも、学校といっても、感化院のようなものです。それも、地獄の上層部に限られています。実は、今日お伺いしたのは、ほかでもございません。」

ピエトリー氏は、叔父さんに向かって話しかけます。

「貴方が深い関心をもっておられる、地獄の下層のことですが。ご承知のとおり、そこまでは、私達煉国人の力では、とても及びません。かといって、天国の天使にお尋ねするチャンスもありませんし。ところがです……」

ピエトリー氏は、そこで、窓際の椅子にゆっくり腰を下ろしました。

「実は、最近私の学校に、地獄の最下層から上がって来たという生徒が入りました。いや、最初はもう、手のつけられぬ不良ぶりで、ほとほと手をやきました。でも、私が担当教師となった関係で、私の言うことだけはよくきいてくれます。そこでいろいろ話をきいてみますと、いや、彼の地獄の経歴体験たるや、奇想天外、びっくりすることばかりです。私も、永年地獄の教師をやっていますが、まさかこれ程まで、とは思いませんでした。」

叔父さんも、ワード氏も、思わず身をのり出しました。

「ところがです。その男が、これはまた稀にみる強い人格の所有者で、従って、進歩もきわめて迅速です。たちまち他の生徒を追い越して、おっつけ、此処へ上がって来ることになっています。」

ワード氏は、思わず周りを見廻します。

「いえいえ、すぐといっても、今日ではありません。でも、もう近いうちです。そこで、リッキーさん。」

叔父さんに向かって、ピエトリー氏はつづけます。

「いかがですか。私からその話を聞くよりも、貴方ごじしん、直接、彼の生々しい体験談をお聞きになってみては。」

叔父さんは少し興奮ぎみで、

「それは願ってもないことです。ぜひ、そういうふうにお願いしたいものです。」

ピエトリー氏は、大きくうなづいて、

「よろしい、お引き受けしましょう。……で、近々、彼は地獄から、この煉国へ上がって来ます。その時、私は彼の手助けをすることになっています。で、いかがです、貴方もその時ご一緒し、その実況をご覧になってみては。きっと、ご参考になると思います。」

叔父さんは、嬉しそうにワクワクして答えました。

「これはご親切に、何から何まで、是非よろしくお願いします。」

そこで、二人の約束がきまりました。すると、ピエトリー氏は、今度はワード氏に向かって、

「今日、私が此処へお伺いしたのは、実はもう一つ、貴方が此処へお見えになることに気付いたからです。」

「え、私が？　それは何故でしょう。」

「いいえ、ほかでもございません。先程の地獄の生徒の話ですが。実は、彼ほど短時日の間に、地獄の最下層まで堕ち、また上って来た者は、これまで例がありません。つまり、またとない地獄の体験者というわけです。そこで、もし貴方にその気がおありなら、いかがです、貴方も叔父さんと一緒に、彼の体験談をお聞きになってみては……。いえ、私がこう申すのは、貴方の手で、彼の話を地上に伝えて頂きたいからです。つまり、貴方をその適任者とみて、ご相談するわけです。」

ワード氏は、意外な申し出に、しばし当惑しました。

「いやいや、ご不審はご尤もです。でも、貴方もご承知のとおり、地上には、こちらの模様がまるっきり伝わっていません。あの世は無いとか、地獄は迷信だとか、ひどい嘘が流行しています。これでは、人間は今に駄目になってしまいます。特に、地獄のこわさ恐ろしさが伝わっていないことは、とても不幸なことです。で、私は先頃から、こちらの事を伝えてくれる人間はいないものかと、探していました。とうとう貴方にめぐり会えて、こんな嬉しいことはありません。」

ワード氏は、ピエトリー氏の真剣な話に、心をうたれました。それに、ワード氏自身も、近頃ではそんな考えを、もち始めていたのです。

そこへ、叔父さんが言葉をはさみました。

「ひとつ、お引き受けしたらどうじゃ。お前には、またとない仕事と思うのじゃが。わしとの通信も、あらかた終りかけたし、それに何といっても、地獄の方がずっと面白いにきまっとる。その方が、丁度地獄から出て来られるのがチャンスじゃ。こりゃ、早速お引き受けすることじゃ。」

そこで、ワード氏の心も、すっかり定まりました。

ピエトリー氏は、たいへん喜んで、何度もワード氏の手を握って、お礼を言いました。

それから、他日を約して、いそいそと帰って行きました。

その後で、ワード氏は、急に疲れを感じました。今頃、きっとカーリーが目を覚まして、家で大騒ぎしているに違いありません。

でも、叔父さんはニコニコして
「ナニ、あれから、まだほんの三十分じゃ。でも、お前も最初の訪問で、疲れたことじゃろう。よろしい、早速帰してあげよう。」

叔父さんは立ち上って、ワード氏の頭上に、右手を高く上げました。

「あ、そうじゃ。来週は、何か面白い趣向を考えておこう。ピエトリーさんとの約束も、間もなく始まることじゃろうから。それを楽しみに、では、今晩はゆっくりお休み。」

叔父さんは、あげた右手を、ぐるぐる廻し始めました。その度に、ワード氏の身体は、深い暗い穴の中に、ひき込まれていきます。と、いつしか、ワード氏は意識を、すっかり失ってしまいました。

五、夢の国

二月九日、月曜日。その夜、叔父さんが現れた時、ワード氏の方では、すっかり出発の用意ができていました。

「オヤ、今日は、はやばやとお待ちかねだね。よろしい、すぐ出発しよう。」

叔父さんは、例によって両手を大きく上にかざしました。それから、ワード氏の手をとって「いいかい、しっかり私につかまっているんだよ」とささやきます。

不意に、ワード氏の身体は、上へ引き上げられました。気付くと、目の下に寝台があり、その上に、自分の身体が横たわっています。更に、舞い上がって、天井を突き抜け、フワリと空中へ飛び出しました。でもまだ、目の下には、寝室とベッドが見えています。

それもいつしか、豆粒ほどに小さくなり、とうとう霧の中に消えてしまいました。

しばらくは、もうもうとした雲や霧の中を、どこまでも前へ前へと進みます。

そのうちに、霧の海が、いろいろな形に変化を始めます。山になり、絶壁になり、龍になり、悪魔になり。つづいて、お城や、尖塔や、円屋根が、ニョキニョキ現れます。

それも一時で、からっと霧が晴れわたります。すると目の下に、目もはるかな、広大な山河が現れます。どこまでもつづく連山と広野。そして遙かな前方には、いちめんに暗い壁が見えます。

その壁に近づくと、叔父さんは、ワード氏の手をとって、すーっと地上に降り立ちます。そこは、明るくもなく暗くもない、何やら眠ったような世界です。ワード氏は、しきりにあたりを見渡すのですが、いぜん景色ははっきりしません。ただ、ぼんやり灰色の霧の中に、山や、城や、森や、湖水やらが、輪郭だけ浮かんでいます。

「叔父さん、いったい此処はどこですか。」

「夢の国じゃ。」

「それにしても、ずい分ぼんやりした所ですね。」

「いや、決してぼんやりしているわけではない。お前の目が馴れないから、そう見えるのじゃ。夜ここを訪れる者にとっては、これでけっこう美しいのじゃ。」

「いったい、誰が来るのですか。」

「それはお前達みんなじゃ。それそれ、そう言ってる間に、地上からのお客さん達が、見え始めたぞ。」

なるほど、霊魂の群が、次から次と、ぞろぞろ、ぞろぞろ、目の前を通り過ぎて行きます。彼等は皆、夢遊病者のように目をつぶったまま、両手を前に突き出して歩いています。中には、カッと目を見開いて、誰かを探しているようなのもあります。

「いったい、あの人達は何をしているのですか。」

「夢を見ているのじゃ。」

「私には、いっこうに、そんなふうには思えませんが。」

「では、そこに来た婦人を、よく注意して見てごらん。」

よく見ると、その婦人の前面に、一人の子供の幻影が漂っています。婦人が追うと、その幻影は先へ先へ逃げます。婦人は泣きながら、それを追って行きます。と、にわかに、本当の子供の霊魂が現れ、さっきの幻影はコナゴナに壊れます。婦人はたちまち喜びの声をあげて、両手でしっかりと子供を抱きしめ、その場にヘタヘタと坐りこんでしまいました。

「あれは、死んだ子供に逢っているのですね。」

「そうじゃ。」

「あの婦人は嬉しそうですね。明日、目がさめたら、きっと思い出して満足するでしょう。」

「ところが、そうはいかん。恐らく、すっかり忘れているじゃろ。せいぜい夢を見たくらいの気持じゃろ。」

「でも、あんなに泣きながら、子供を抱きしめたではありませんか。」

「では、もう一度、よく、その辺の霊魂を観察してごらん。」

「おや、変ですね。たいていの霊魂には、銀色の光った紐が、後ろについています。でも無いのもいます。あっ、無いのは死者の霊魂ですね。」

「そうじゃ。あれは生命の紐じゃ。魂と肉体をつなぐ紐じゃ。あれが切れれば、死じゃ。」

「それにしても、変わった紐ですね。いくらまじりあっても、決してもつれません。それに、どこまでも自由に伸びます。でも、中には、後ろへ引張られるのもいますね。

あれあれ、あの男は、踵の紐がひっぱるので、足踏みするように歩いて行きます。」

「分かったかい。あの紐があるかぎり、人間は肉体のとりこじゃ。だから、せっかく此処で、いろんな経験をしても、みんな翌朝は、忘れてしまうのじゃ。」

「ずいぶん、無駄な話ですね。」

「いや、決して、無駄とばかりは言えない。」

ワード氏が目を転じると、そこには三十才ばかりの男が、誰かを待っています。やがて、一人の若い女がやって来ます。二人は吸い寄せられたように近づくと、やゝ恥ずかしそうに、でも、しっかりと手をとりあっています。

「あの二人は何でしょう。二人とも、生きてる人間のようですね。」

「あの二人が何者だか、私には判らない。でも、何か深い因縁がありそうじゃ。二人は、地上ではまだ逢わずに、此処だけで会っている。果たして、二人が地上で逢えるものやら。でも、あんなのは、是非、会わしてやりたいものじゃ。」

まだいろいろの人達が、傍を通過しましたが、ワード氏を一番びっくりさせたのは、ワード氏のお父さんが通りかかったことです。

「オヤ、あれは父ですよ。いったい此処へ何しに来たんでしょう。」

「お前のお父さんだって、夢を見るのに、何の不思議もあるまい。ことによると、お前に気付くかもしれないよ。」

でも、お父さんは誰かを探している様子で、振り向きもしません。通り過ぎる時、気を付けてみると、その前面に、ワード氏のお祖父さんの幻影が漂っています。

「あっ、おじいさんを探しているようです。何処かで逢えるといいけど。」

「それは無理だな。おじいさんは、黎明の国でおさまりかえっているから、此処までは出て来るまい。」

「すると何ですか、霊魂は、みんな此処へ来るというわけではないのですか。」

「それはそうじゃ。此処は丁度、霊の世界と地上の中間にある、冥府という所じゃ。人間は夢を見ると、たいてい此処へ来るが、霊の方は、誰かに逢いたいと思わないかぎり、わざわざ出て来ないのさ。」

そうこうしているうちに、今度は、霊魂の流れが逆の方へ動きはじめました。まるで地上のラッシュ・アワーのように、ぞろぞろ歩いて行きます。

「ボツボツ、帰りの時刻じゃ。」

なかには、別れを惜しんで、涙を流している霊魂もいます。

やがて、流れの歩調がだんだん早くなります。

「もう、お前も戻らねばなるまい。」

ふと、流れの中に、ワード氏はカーリーを見つけました。

「オイ、カーリー、私だ！」

ワード氏は、カーリーの肩をつかんで、ゆすりました。カーリーは、初め、けげんな顔をしていましたが、気が付くと
「あら、貴方、こんな所で何をしているのですか。」

「ここは夢の国だ。私達は夢を見ているのだよ。」

そうやって話している間にも、人々の流れは早くなり、二人は人波に押されて、どん

どん進んで行きます。

ふと、気付いて振り返ると、叔父さんは、遠くの方で手を振りながら、ニコニコ笑っています。もう引き返すことはできません。ワード氏はカーリーの手をしっかり握ったまま、いつの間にか気を失ってしまいました。

翌朝、ワード氏は、昨夜のことを、はっきり覚えていましたが、カーリーは、少しも覚えていませんでした。

六、地獄の生徒

二月十六日、月曜日。今日は、ピエトリー氏との約束の日です。もんだいの地獄の生徒は、数日前に、煉国へ上って来たそうです。今日はこれから、彼に紹介されることになっています。で、叔父さんから、先程、テレパシーで連絡が来ました。

「もう大丈夫だから、今日からは、一人でこちらへお出で」

ワード氏は、ちょっと不安でしたが、叔父さんをすっかり信じているので、いつものように眠りにつきました。

それから、ふと気が付くと、もう、ワード氏は寝台の上に浮かび上がっていました。やがて、部屋が遠ざかり、何もかも霧の中に消えてしまいます。そのうちに、霧が形を変え、からっと晴れあがると、たちまち眼下に、見覚えのある霊界の山河が見えてきました。つづいて、前途のいちめんに暗い壁を、思いきって突き進むと、見よ、そこには、柔らかな夕陽に包まれた、風光明媚の田園が現れました。

ワード氏は、青草を敷きつめた丘の上に降り立ちます。

すぐ目の前には、叔父さんの学校の屋根や、森が見えています。ワード氏は、小鳥のさえずる、小川の小道を歩きます。付近には、いろいろな霊魂達がそぞろ歩きをしています。そして、皆が珍らしそうに、ワード氏を振り返ります。きっと、どこか様子が違うからでしょう。すると、二人の若者が足を止めて
「貴方は、まだ生きてる方ではありませんか」とききます。
で、「その通りです」と答えると、
「貴方は、何と倖せな人でしょう。私も生きてる時分に、こんな芸当ができたら、もっともっと良い人生が送れたでしょうに」と言います。また別の一人が
「で、貴方は、今日は何をしに、此処へ来たのです」とききます。
「実は、すでにこちらに来ている叔父が、地獄から出て来たばかりの、ある人を紹介してくれることになっています。恐らく、地獄の面白い話が聞ける筈です」と言うと、二人とも、たいへん羨ましがって
「貴方は、ほんとに倖せな人ですね。私達は、何年も前から死んでいるのに、地獄のことなど、これぽっちも知らずに過ごしています。何と貴方にあやかりたいものです」と、

なおもひきとめて、いろいろ話をします。

そこへ、叔父さんが急ぎ足でやって来ました。

「これこれ、こんな所で道草をくってはいかん。まもなく、ピエトリーさんがお見えになるというのに。」

するとさっきの二人が恐縮して、ひきとめたのは自分達のせいだと、さんざんに謝ります。叔父さんは
「いえ、いいんです。ただ、この甥が、今日から大事な仕事にとりかかることになっているので、ちょっと、たしなめただけです。」

そう言って、ワード氏の手をとると、あっという間に、叔父さんの部屋に着いていました。

叔父さんは、どっかり揺り椅子に腰を下ろすと、いつもの癖で、大きく小さく揺すります。そして
「どれ、ピエトリーさんがみえる前に、もんだいの人物について、ちょっと話してお

こうか。」

そう言って、パイプを吸いつけ、ポッポッと紫色の煙を吐きます。ワード氏も、その前の椅子に腰を下ろし、足を組みます。

「ピエトリーさんのおっしゃるには、あの人物は、立派な家柄の出で、陸軍の士官であったそうな。じゃが、不仕末で軍をやめさせられ、印度に行って、つぎつぎ婦人を騙《だま》しては結婚して、金をまきあげ、あげくのはて、土着人を一人殺害してしまったそうじゃ。

その件は、うまく何とかごまかして、イギリスへ舞い戻ったんじゃが、早速、インチキ会社をつくって、貧乏人から金をまきあげ、とうとう法にふれて、五年の懲役になってしまった。

さて監獄を出ると、インチキ賭博場を開いて、身をもちくずし、すっかり世間の鼻つまみ者になったというわけじゃ。

で、最後は、ある発明をした青年を、うまく抱きこんで、結局これを殺害して特許を盗み、とうとうある資本家を口説いて、金を出させることにした。いよいよ契約書に調印という日、ロンドンのストランド街で、バスにひかれて死んでしまった。だいたいこういう経歴じゃ。

だが、悪いことはできんもんじゃ。そのバスというのが、丁度、イギリスでバス運転が開始された、その最初の日であったそうな。つまり一九〇五年、今から九年前のことじゃ。」

叔父さんは、そう言うと、視線を窓外に投げ、パイプの煙を二ツ三ツくゆらせました。

「ずいぶんひどい人物もあったもんですね。これからその人に会うのかと思うと、ちょっと薄気味が悪いようです。でも、その人も、最後は救われたのですね。」

「そこじゃ。わしは先日、その人物が、地獄から這い出して来る場を目撃した。これを見たら、誰しも、神の愛を信ぜずばなるまい。では、その時の模様でも、話してみようか。」

叔父さんはそこで、もう一度、ゆっくりパイプをくゆらします。

「その日、わしはピエトリーさんと打ち合わせてあったとおり、一人で指定の場所へ急いだ。

わしが着いた所は、苔もカサカサに乾いた、デコボコの一枚岩じゃ。前は底しれぬ断崖、後は、ゴツゴツした暗灰色の岩が群がる荒野、それが爪先上りに此処まで達している。そこが地獄の入口じゃ。

わしは、断崖のふちまで、いざり寄って、そっと中を覗いてみたが、何も見えぬ。不思議なことに、この断崖の縁で、一切の光がパッタリ中絶している。つまりじゃ、こちら側は、光線が霧の粒のようになった一枚の壁、あちら側は、ピタリと厚い漆黒の闇なのじゃ。

わしは、恐るおそる、その闇の中に手をさし入れてみた。いや驚いたことに、入れたわしの手首は、そこから先がプツリとなくなってしまうのじゃ。いや、そのうちに、キリキリと痛みだした。それは烈しい寒さのためじゃ。

わしはあわてて、手をひっ込めた。

「どうして、こんなに暗くて冷たいのだろう。」

わしはつぶやいた。すると後ろで、

「それは信仰の光がないからじゃ。信がなければ神の愛はとどかぬ。愛がなければ光も温かみもない。」

そういう朗々たる声が響いた。わしは驚いて振返ると、其処に、いつの間にか、わしの天使様が立っておられた。天使様はわしの着物の裾を、しっかり押えていて下さったのじゃ。

やがて、闇の壁が、前後に揺れ始めた。従って、光と闇の境界線が、波状にうねり曲がる。その動揺がだんだん激しくなるので、わしは思わず後ろへ跳びのいた。

すると、下の方の闇の中から、ポツリと一つの火の球が現れた。それは、どんどん上の方へ昇って来る。で、よく見ると、それは光り輝く一つの霊魂で、いよいよ上まで昇りつめた時、全身から、闇がまるで白鳥の背から落ちる雫のように、ハラハラとこぼれ落ちた。

やがて、その霊魂は、絶壁のふちに身を伏せて、闇の中へ手を差し入れた。やがて、何者かの手をしっかり握って、上へ引き上げた。見れば、ひきあげられたその手は、黒く汚れて不健康な手じゃった。』

叔父さんは、そこで一息つくとパイプをくゆらします。煙が、窓の外の夕陽の色にとけて虹のように見えます。ワード氏は足を組み直し、話の先をうながします。

『それからじゃ、崖の上に、一人の醜悪な物体がやっと引き上げられた。両目は繃帯でおおわれ、力なくヨロヨロと倒れかかる。そして
「おっ、何とひどい光じゃ。繃帯をしていても、目にしみて仕様がない」

と呻く。ナニ、たいした光ではない。わし等には、丁度、ロンドンの濃霧がかかった時のあんばいじゃ。それにしても何と汚い着物だろう。暗灰色のボロボロの着物で、あちこちに汚物がつき、まるで地獄の闇が浸みこんで、脱けきれぬあんばいじゃ。

すると、先程の指導の天使が進み出て、彼の手をとって、こう言った。

「ご無事でおめでとう。貴方の新しい門出に、私も立ち会えて、こんな嬉しいことはありません。」

見ると、その天使はピエトリー氏じゃ。すると彼は、

「あっ、先生ですか。私のような者のためにお出迎え下さって、何と御礼申してよいやら……それにしても、ひどい光ですね。私はいっそ、闇の中に戻りたいように思います。」

「ナニ、心配には及ばない。すぐ馴れますよ。……ちょっと御紹介しましょう。此処においでの方は、私の友人で、貴方の歓迎のために来て下さったのです。」

そう云って、ピエトリーさんが私を手招きするので、私は、初めてその人と握手をした。』

そこまで叔父さんの話が進んだ時、急に、部屋の中が明るくなりました。いつの間にか、ピエトリー氏が来ていたのです。ピエトリー氏は「お待ちどうさま。お約束の方を連れて来ましたよ」とニコニコしています。

見ると、ピエトリー氏のうしろに、いかにも萎《しぼ》んで、ひねくれた感じの子供が立っています。でも、顔だけはいかつく、目はらんらんと光っています。

「はゝあ、これが問題の陸軍士官だな」

ワード氏は、一目で合点がいきました。

陸軍士官は、椅子に坐ると、窓の外に目をやったまま、何となく、うつろな感じです。

ピエトリー氏は
「この人はまだ疲れています。あと二、三日したら、はっきりするでしょうが。それまでそっとしておいてやりましょう」

そう言うと、ワード氏の方を向くと、次のように話してくれました。

『私達三人は、つまり、叔父さんと私と彼と三人は、それから、岩だらけの荒原を下って行きました。降りた所で、地面に坐りこむと、彼は現世に居た時のことを、あらいざらい打ち明けました。すると、突如、天の上から朗々たる声が響きました。

「汝は、すでに悔い改めたから、光に耐えられる。繃帯をとってもよい。」

私はすぐ、繃帯をとってやりました。彼はしばらく、たまらないというふうに、地面の上を転がっていましたが、やがて、じっとうずくまりました。

すると、再び、天から朗々たる声が響きました。

「もうよい、その者を一人で歩かせよ。」

そこで、私達二人は空中に舞い上がり、彼を一人にして、先に帰って来ました。

それから先のことは、彼から聞いた話になりますが……先ず、小石だらけの荒野を横切り、けわしい山脈を登り、それを越すと、すぐゆるやかな平原に出る。そこからが、この夕陽の国になっていたそうです。

でも、平原を横切る時、前生の恐ろしい幻影に悩まされたようです。それは実に、凄惨をきわめた、筆舌を絶したものであったらしく、何年も其処で過ごした、と本人は申していています。しかし、実はほんの数日にすぎません。そして昨日、やっと私の処へ辿り着いたようなわけです。』

それでもまだ、陸軍士官は、うつろな目を窓の外に向けたまま、じっとしています。

ピエトリー氏は言葉をつづけて
「ごらんのように、まだぼんやりしていますが、それはまだ、幻影の名残りが続いているからです。でももうじきシャンとするでしょう。ですから、来週からはお約束どおり、彼の地獄談が聞ける筈です。

ワード氏は、本当に来週から大丈夫かしら、と思いながら、ピエトリー氏にききました。

「で、この方のお名前は、何というのでしょう。」

すると、今までぼんやりしていた陸軍士官が、突然、きびしい声で言いました。

「俺の名前をきいて、何にするんじゃ。」

ワード氏はびっくりして
「私は貴方の話を、地上へ通信する約束になっています。通信には、やはり、署名が必要ではないでしょうか。」

すると、陸軍士官の顔はみるみる赤くなり、烈しい声で言いました。

「それはそうかもしれん。じゃが、俺には名乗れん理由がある。こうみえても、俺は人の親じゃ。俺には一人の娘がある。娘が俺のような悪者の血をうけているだけでもたくさんじゃ。その上、人殺しの娘じゃと、世間から騒がれたら、余りに残酷じゃ。俺の人殺しは、まだ地上では人に知られておらん。それをわざわざ、この通信でスッパぬいて、娘を不幸に突き落とす必要がどこにある。どうしても名を名のれというのなら、俺は、もう通信はやめますぞ。」

陸軍士官の顔は、いつのまにか、こんどは青黒くなり、必死で、烈しい興奮をおさえている様子です。

叔父さんはおろおろして、ピエトリー氏の顔を見たり、陸軍士官の方を見たりしています。ただピエトリー氏だけは、態度が少しも変わりません。ニコニコして皆にこう言いました。

「通信に署名はいりませんよ。通信に署名がないから、信じないという人は、署名があったらあったで、なにかとケチをつける人です。心ある人は、内容さえよければ、必ず認めてくれます。私が求めているのは、むしろこういう人達です。いかがですか、皆さん、そうは思いませんか。」

叔父さんは救われたように「いや、まことに、その通りです」と相づちをうちます。

ワード氏も、なるほど、かえって署名がない方がよいかもしれない、と思いました。

するると、陸軍士官は、たちまち、ひどくバツの悪そうな顔で立ち上り、

「先生！　とんだしくじりをしました。私は、決して興奮しちゃならんと、自分に言いきかせているのですが、いや、どうも、皆さん、どうぞご勘弁ください。」

と、今にも消えてしまいたそうな素ぶりです。ピエトリー氏は、それに優しくうなづきながら
「貴方も、気分がしっかりしてきたようですね。これなら、きっと立派な通信ができるでしょう。」

陸軍士官は、たちまち喜色満面となって、

「ハッ、私も、立派な通信をしようと、只今しっかり、肚を決めたところです。どうぞ皆さんよろしく。いや、地獄の話なら私に任せて下さい。自慢にはならぬが、こればかりは誰にも負けません。ワハハ…………。」

豪快に笑うと、陸軍士官は近づいて、ワード氏の方に手を差し出します。ワード氏も

すっかり嬉しくなって、しっかり彼の手を握り返します。

こうしてどうやら二人の約束がととのったようです。

ですから、来週から毎週、ワード氏は月曜日には、叔父さんの部屋を訪れて、陸軍士官の地獄体験談を、聞くことになりそうです。ワード氏は、今からもう、恐ろしさと期待で、胸がどきどきし始めています。

後編　地獄めぐり

一、地獄への道

I　地獄へ落ちる

そこはロンドンのストランド街だった。その日、俺は例の専売品の調印をすることになっておったので、朝からウキウキして、チョイと一杯機嫌でそこを通りかかったのだった。すると、フイに後ろからバスが来て、俺をひいてしまった。

俺はすぐムクムクと起き上がった。しかし、人だかりがするので、急いでその場を立ち去って役所へ向かった。

役所につくと、俺はすぐドアーをノックした。ところが、手がドアーを突きぬけて、さっぱり音がしない。返事がないので、ままよ、中へ入ってみようと思ったら、いつの間にかスーッと自分の身体が中へ入っていた。

「いや、今日はえらく酩酊したもんだ」

そう思いながら、前を見ると、係の役人が俺を待っている。そばに書記もいる。俺は帽子をとっててていねいにあいさつした。

「私は契約書にサインをしに参りました」

するると無礼な奴もあるもんで、俺の方を見向きもしないで、こんな話をしている。

「あと十分待って来なければ、事務所をしめてしまおう」

「このトンチキ野郎！　俺はここにいるではないか」

大声でどなったが、一向に聞こうとしない。それどころか、さんざん俺の悪口を言って、とうとう部屋を出て行ってしまった。あまりの仕打ちに、俺はすっかり怒って、手当たりしだいに、そこらの物をつかんで投げようとしたのだが、それがおかしい。一向につかむことが出来ない。手が物を通過してしまうのだ。「ヒェッ」と、さすがの俺も仰天していると、耳のそばで、「ヒ……」と笑う奴がいる。見ると、ピリーだ。こいつ五年前に死んだ俺の悪友だ。

「何だ、お前、死んだはずじゃないか」

と言うと、

「当たり前さ、とうとうお前もくたばったな」

とぬかしやがる。

「バカめ、俺はちょっと酔ってるだけだ」

「ナニ？　酔ってるだけで、何でドアーを突きぬけたりするんだ。それに、役人にだって、お前の姿は見えなかったじゃないか」

言われてみると、そのとおりだ。

そこで、ピリーのすすめで、一緒に俺の死体を見に行くことにした。ストランド街に行くと、救急車が来ていて、その中から、死体の臭いがぷんとする。車の中をのぞくと、何ということだ、俺の身体が転がっている。

俺は死体に引きずられるようにして、車について歩いた。病院に着くと、医者は一目見るなり、さじを投げた。

「こりゃ、駄目だ。それにしても見事なやられっぷりだ。これではひとたまりもない」

すると、一緒について来た警官が、

「ナニ、これは本人が一方的に悪いのですよ。なにしろ、へベレケに酔っぱらって、道の真中を歩いておったのですからな。いやもう、こいつは希代の悪党で、さんざん人を泣かしたもんです。それにしては随分簡単にいったもんだ。どうです、この気楽そうな顔つきは」

俺は思わず、カッとして手を振り上げた。

が、それと同時に、なにやらひどく情けない気持ちになった。せっかく、これから運が向いて来ようという矢先に、このざまとは。畜生！　俺はあたりかまわず、大声でどなりつづけた。

すると、不意に耳の後で、「ヒェッ　ヒェッ　ヒェッ」と、無気味な声で笑う奴がいる。振り返ると、何ともニクニクしい顔をした化物が、俺を見て、口をゆがめて笑っている。

「何だ、お前」ときくと、

「お前の親友だ」

「何だと！」

「まだ、俺が分からんのか。長い間お前をかげから手伝ってやっていたのは、この俺サマだ」

「…………」

「俺は悪を助ける霊魂よ。おかげでお前もタップリ、シャバが楽しめたじゃないか」

俺は、何やら向かっ腹が立ってきた。

「バカ者！　お前がボヤボヤしてるから、せっかくの今日の調印がフイになったじゃないか」

すると、まわりからいっせいに、「ヒェッ　ヒェッ　ヒェッ………」という笑い声が起こった。

いつの間にか、たくさんの化物の顔がならんで、俺の方を見てあざ笑っている。すると、先程の化物の親分が、

「ザマミロ！　最後にお前をひき殺させたのも、この俺サマの仕業さ」

「ヒェッ　ヒェッ　ヒェッ………」

化物どもの笑い声が、まわりの壁に反響して、奇妙にうつろに大きくひびく。

「ヒエッ　ヒエッ　ヒエッ………」

そのうちに、まわりの景色が消滅して、俺は何やら、深く、暗い、冷たい穴の中へと落ちこんで行く。どれほどたったか。俺は無限の空間をすべり落ちていって、最後にゴツンと、何やら地面のようなものにぶっつかった。

二、残忍地獄

I　憎しみの都市

俺は闇の中に、じっと目をこらした。何も見えない。どうやら道がありそうだ。俺は手探りでそこへはい上がった。だが、すぐすべって、何やらぬらぬらしたドブの中へ落ちる。はい上がってはすべり、すべってはまたはい上がり。まるでけもののように四つんばいになりながら、俺はその道をどこまでも進む。先は真暗で何も見えない。だが、ふしぎな引力が俺を引きずり、俺は無茶苦茶にある方向をさして進む。やがて石ころだらけの荒野に出た。

俺は、なおも前へ前へと進む。つまづいては倒れ、倒れてはまた起き上がり。そのうちに、いつか目が闇に馴れて、ぼんやり辺りが見えてきた。目をこらしてよく見ると、行く手に何やら大きなかたまりのようなものが見える。近づいてみると、城壁である。さいわい、そこにある門から、俺は中に入ってみた。

すると不意に、門番らしい奴が二人、俺にとびかかった。俺は危うくとびのいたが、どうせこんな所で出くわす奴、みんな敵と思えばまちがいない。よし、こいつらと闘ってやろうと、そう思ったとたん、奇妙にもキャッと消し飛んで、逃げ出してしまった。

俺は門から町の中へと入ってみた。その頃には、濃い霧を通して、どうやら建物の形が見えるまでになっていた。

俺にはこの街に見覚えがある。どうやら古代ローマの街らしい。そういえば、凱旋門《がいせん》があり、コロセウムがあり、公衆浴場がある。しかし、そうとばかりはいえない。場所によっては、ベニスやミラノや、アッシリアのニネベに似たところもある。

これは後になって分かったことだが、ここは残忍地獄という所であって、かつて、残忍な行為と関係のあった建物は、すべてここへ移され、これらの邪気が凝縮して、地獄の一大都市を建設しているのであった。

さて、俺はかまわず街をどんどん進んだ。街は華やかではあるが、極度に汚れきっている。通る男や女も服装は我々と変わらないが、ただ、ひどく汚れて、どれもこれもビリビリに引き裂けている。

街の中は、あっちでもこっちでもけんかが盛んだ。やれ、がんをつけたの、肩がふれたのと、ささいなことですぐけんかを始める。なかには、俺目がけて飛びかかってくる奴もいる。俺がグッとにらみつけてやると、そいつらはたちまち消し飛んでしまう。そこで、俺は悟った、ここでは意志の強さが何よりの武器であると。意志の強さなら、俺は誰にも負けはせぬ。これだけが俺の取柄なのだ。そこで、俺は考えた。今までは人から攻撃ばかりされていたが、今度はこちらから攻撃して、家来の一人もつくってやろうと。

そこで、俺は不意に一人の男に飛びかかった。そいつは悲鳴をあげて逃げ出したが、俺がウーンと念力をこめて引き戻すと、相手はズルズルズルズルと、面白いように手元に引き寄せられてきた。

俺は威厳を示すために、わざとそいつを投げとばし、地面に何度も顔をこすり付けた上で、道案内をしろと命令を下した。そいつはおろおろして、ぶつぶつ言いながらも、俺の言うなりに案内を始めた。

Ⅱ　皇帝の行列

俺はあちこち見て歩いた。だが驚いたことには、どこへ行っても、男といわず女といわず、けんかが絶えないのである。

さすがの俺もあきれかえって、「いったいどうしたことだ」ときくと、家来は、

「旦那さま、ここは憎悪と残忍の地獄でございます。お互い、あれが何よりの楽しみで、ここにいるわけでございます」

なるほど、そういうものかと俺も納得した。

やがてしばらく行くと、急に街の中が騒がしくなった。見ると何やら行列がやって来る。いや、その騒々しいこと。行列の前後左右で絶え間なく悲鳴が起こる。伴の者同士、伴の者と見物の衆が、絶え間なくののしり合い、けんかをする。中でも人騒がせなのは、行列に従った数匹の猟犬で、これが絶えず見物にとびかかっては、かみつき食いちぎる。そのたびに、キイキイ、ヒイヒイと悲鳴があがる。

「地獄にも犬がいるのか」と俺がきくと、

「いえ、あれは犬ではございません。皇帝が意志の力で、人間を犬に変えられたのでございます。旦那さま、あれをご覧下さい」

家来が指さす方を見ると、どうしたことだ、素裸の男や女がたくさんゾロゾロやって来る。

「あれも、皇帝のお好みで、あのようにされたのでございます」

「すると、皇帝はよほど強力な意志の持ち主だな」

「さようで、われわれを自由自在に、犬にでも子供にでも変えてしまわれます。旦那さま、来ました来ました、あれが皇帝です」

なるほど、行列の真中に、大威張りでふんぞり返った奴がいる。見ると、罪悪のしわあくまでも深く顔に刻まれ、そのため目鼻だちもはっきりしない。まさに驕慢と残忍の典型である。でも、どこやら生前は、これでも好男子であったかな、と思われるふしがないでもない。

「あいつは何者だ。ローマのネロではないか」

「いえ、旦那さま、ネロではございません。ネロなどは皇帝に比べたら、問題になりません。時々、反旗をひるがえすことがありますが、そのたびにこっぴどくやられ、ひどい刑罰を受けます。ネロいじめは、皇帝の最大のお楽しみの一つです」

「では、いったい、あいつは誰なのだ」

「それが、旦那さま、私はいっこうに存じませんので」

こいつめ嘘を吐くなと、俺はあらゆる残虐な方法でいじめつけたが、知らないものは仕方なく、俺もとうとうあきらめた。

「では、どこぞ面白い所へ案内せい」

そういうことで、われわれは大きな劇場の前にやって来た。これはわりに近代的な建物であるが、ただ、ひどく汚れきって、手入れなどさっぱりしてない。

Ⅲ　劇場

切符売場ときたら、大へんな雑踏で、押し合いへし合い、つかみ合い、なぐり合い、売り手と買い手は、のべつまくなしにののしり合っている。

これでは、いつまでたってもラチがあかない。そこで、俺は満こうの念力をこめて、雑踏の中を真一文字に劇場の中へ入って行った。家来の奴は大喜びで、俺の後から、そこらの幾人かを突きとばし、殊に、一人の婦人の髪の毛をつかんで、地面に叩きつけた。そばの奴らも、かわいそうなどとは思わず、倒れた身体の上を、わざと踏みにじって歩いて行く。

劇場の中は、どこもかしこも、ののしり合い、叩き合いの乱痴気騒ぎである。正面の席まで来ると、そこでは男と女が大立廻りを演じている。二人とも、元は上流社会の出らしく、身につけている衣服は中々ぜいたくなものだが、あちこちが引き裂けて汚れきっている。やがて、男の方の意志が強かったとみえて、女を押さえつけると、その上に自分の椅子をすえ、どっかと坐りこんでしまった。女が苦しがって顔を持ち上げると、靴のかかとであごをどんと踏みつける。そして、男は俺たちを手招きして、

「かまわないから、どうぞ踏んで通って下さい。こんなアマには、それが一番の功徳ですよ」

そう言って、またあごをゴツンと蹴とばした。

俺たちは言われるままに踏んで通ったが、それは生身の人間を踏むのと、まったく同じ踏み心地で、また踏まれた女も、生きてる時と同様にもがき泣き叫ぶのである。

俺たちが席につくと、まもなく芝居が始まった。それとともに、だんだんけんか騒ぎもおさまっていった。だが、芝居の筋書きはどれもこれも、陳腐な犯罪もので、最後は必ず残忍きわまる殺りくや、拷問《ごうもん》で終わる。

すると、それまでおとなしく見ていた家来が、声をひそめてこう言った。

「旦那さま、ここらで早く帰りましょう。芝居が終わったら、拷問《ごうもん》係が観客を舞台に引張り出して、ひどい目に合わせますから」

その言葉が終わらないうちに、舞台に拷問係が出て来て、家来を指さしながら叫んだ。

「コラッ、そこの青虫、ここへ出ろ」

家来はみるみるガダカダ震えて立ち上がると、よろよろと舞台の方へ引きずられて行く。

俺はこれを見て大いに怒った。いかに虫けら同然とはいえ、俺の家来だ。このままでは主人の面目にかかわる。俺はスックと立ち上がると、舞台に向かって叫んだ。

「オイ、それは俺の家来ではないか。ふざけた真似をすると、承知しないぞ」

すると、突如劇場の中に、低い興奮のうめき声がわき起こった。

拷問係はハッタと俺をにらみつけた。

「コラッ、新米でなくちゃ、そんな口をきく奴はいない筈だ。貴様のような奴は、いやというほど地獄の痛さを思いしらしてやる。ここへ来て俺と勝負しろ！」

「何を！　勝負したけりゃ、貴様の方こそこっちへ来い！」

こうして二人の間に、猛烈な意志と意志の闘いが始まった。俺の長所は、意志があくまでも強固で、絶対に人にひけをとらぬことである。

そこで、俺は念力をこめて、ウームと敵をにらみつけた。しかし、敵もあっぱれな意志の持ち主で、しばしは五分と五分の形勢であった。そのうち、観客の間からワッと歓声が起こった。敵が一歩ヨロヨロと、こちらへよろめいたのである。しかし敵もさるもの。ぐっと陣容をたて直すと、今度はアベコベに俺の足元がぐらついた。観客がまた、どっとはやしたてる。

俺も一瞬ひやりとしたが、ここぞと一世一代の念力で、グッグッとにらみつけると、とうとう敵の足元がぐらつき出した。

「エイッ」

俺が一声かけるごとに、敵の身体はズルリズルリと、引き寄せられ、最後に、

「ギャッ」

というものすごい悲鳴とともに、舞台から転落してしまった。観客はどーっとはやしたてる。こうなると、もうこっちのものだ。敵は機械人形のように、ヨタヨタ俺の方に

引き寄せられ、俺の面前に来てひざまづいた。意気地のないことおびただしい。

しばらくして、俺は言った。

「舞台に戻ってよろしい。俺も出る」

こうなると敵はおとなしい。すごすごと舞台に引き上げる。俺もすぐつづいて舞台に跳び上がった。

「こいつを拷問《ごうもん》にかけるのだ！」

俺が配下の獄卒どもに号令をかけると、獄卒どもは仕様ことなしに、今までの親分に向かって、極度の拷問をかけることになった。

いや、観客の喜びようといったらない。手を叩く、足踏みをする、怒鳴る、口笛を吹く。さすがの大劇場もつぶれんばかりであった。

すると、観客の間から、期せずして次の大合唱が起こった。

「君は皇位につくべきだ！　直ちに皇帝に反旗をひるがえせ！　われわれも力を貸そう！」

俺としても悪い気がせぬでもない。しかし、待てよ、俺はまだ地獄へ来たばかりで、様子が分からない。今、地獄ベテランの皇帝と戦ってはまずい。そこで俺は、

「いやいや、諸君。俺は別に地獄の主権者になる気は毛頭ない。向こうから仕掛けてこぬ限り、皇帝の忠良な臣民である」

すると、あっちでもこっちでも、ゲラゲラ、ケラケラ、俺のことを嘲けって、中には無遠慮にこう言う奴がいる。

「あいつ臆病者だ、こわがってやがる」

「黙れ、けだもの！　二度とそういうこと言うと、皮をひんむくぞ！」

「バカ言え！」観客席の一人がわめいた。

「俺達には皇帝がついていらあ。貴様らの手に負えるかっ！」

俺はたちどころに、そいっを舞台に引きずり上げ、獄卒に命じて皮をひんむかせた。皮をはぐと言うと物質くさく聞こえるが、外に適当な言葉がない。とにかく、観客の目には皮をはぐように見え、当人は本当に皮をはがされる痛みを感じる。むろん霊界の者

には肉体はないのだが、あってもなくても結果は同一である。

俺はやるだけのことをやって、サッサと劇場を出た。そうして、家来のすすめで、郊外にある有名な人殺しが住んでいる邸宅に乗り込んで、たちまちそ奴を追い出し、そこを乗っ取って住むことにした。どうせこの噂は皇帝の耳に入る。きっと何とか言ってくるだろう。

Ⅳ　皇帝の招待

案の定、皇帝から招へい状が届いた。それは思ったよりいんぎんなものだった。俺も儀礼上、いやむしろ警護の意味もあって、一隊の衛兵を引き連れて登城した。

いや、いつの間にか、俺の元にはたくさんのナラズ者が集まっていたわけである。まあ、兵士だがな。俺の威力を聞き伝えて、来るわ来るわ。国籍を問わず、野望にもえた地獄のワル共が集まって、今やちょいとした軍団を形成していた。

俺が着くと、謁見室《えっけん》と称する大広間に通された。ローマ風の華麗ではあるが、汚れ切っていることは相変わらずである。皇帝はやおら玉座から立ち上がった。そこは一段と高くなっており、その前面には半円形の階段がある。皇帝は満面に笑みを浮かべ、さも親切そうに、俺を歓迎するふりをした。だが、腹の中には、まんまんたる猜疑心があることが一目で分かった。

ここが地獄のおかしなところで、お互いに一生懸命だましっくらをする。そのくせ腹の中は、互いに分かりすぎるほど分かっている。だませないと知りつつ、だましにかかる。いや、こっけいというか、情けないというか、地獄の気のしれないところである。

皇帝はおもむろに口を切った。

「愛する友よ、おんみは地獄へ来て間もないのに、早くもかかる大勢力を築くとは、見上げたものである」

俺はもったいぶって恭しく頭を下げた。

「いかにも陛下の仰せのとおり。この上は一層の勢力を張るつもりでござる」

「皇位までもと思うであろうがな……おんみのために一言注意しておこう。これは容易ならんことで、永久にそういう機会はあるものではない。それよりも、どうじゃ、二人協力して領土を拡大せんかな。それが得策というもの。余はおんみを大将軍に任じよう。近頃ダントンなる馬鹿者が、大部隊をひきいて地獄に下って来た。当市の隣りに一小国を築きおった。地獄では「革命のパリ」と呼んでおる。どうじゃ、そこを急襲して、まず地歩を築かれては」

俺には皇帝のハラの中は見え見えである。俺がダントンに負ければシメたもの。勝って王位を奪っても、それはダントンと俺が入れ替わっただけ。それに勝っても、俺は交戦でくたびれる。そこが皇帝の目のつけどころである。

そんな計略は見えすいているが、しかし、ここで皇帝と戦わぬが得策と俺は判断した。ダントンに勝つ自信は十分ある。その軍勢を加えた上で、皇帝との決戦に出ればよい。それなら勝つ公算も大きくなる。

とっさにハラを決めると俺は答えた。

「陛下の寛大なるお申し出は早速お引き受けします」

「おっ、よくぞ承知してくれた。以後おんみは余が股肱《ここう》の大将軍である」

そこで大饗宴が始まった。いやもう、それはぜい美を尽くした山海の珍味で、というところだが、実は食べると中は空っぽの影である。食べれば食べるほど食欲は燃えるようにそそられる。イヤハヤ、地獄のご馳走とは皮肉きわまるものではある。

それでも、陛下のもてなしということだから、さも満足しているように、ナイフとフォークを働かせてみせねばならない。さすがに皇帝も苦笑いを浮かべて見ている。俺とて、そんな茶番の仲間入りはご免をこうむって、他の奴らがなすところを見物するにとどめた。

それだけではない。饗宴の間中、音楽隊がたえまなく楽器をひねくりまわす。それが一つも調子が合わない。ただ、ピイピイキイキイと、が鳴りたてるだけだ。それでも、聴衆はさも感心したように、聞き入っていねばならない。

饗宴のあとは、おきまりの剣士の勝負である。剣士といっても、男ばかりではない。

女の剣士もどうしてどうして、男も顔負けのどう猛な大立ち廻りを演ずる。さてさて、これ以上は言ってもキリがない。要するに、極度の残酷であり、極度の卑わいであったと、そう思ってもらえばそれで結構。

V　敵将ダントン征伐

地獄の戦闘といっても、現界とさして違うものでもない。刀で切ったり、銃で撃ったり、その点はまったく同じである。だが一つだけ、大いに違うところがある。それは相手を殺しても、決して死なぬことである。だいたいが、死んでもう肉体はないのだが、霊には形があり、霊は不滅だから、殺してもすぐむっくり起き上がってくる。だから、地獄の戦争の勝つ術というのは、相手を殺すことでなく、痛めつけることである。

痛めつけるといっても、肉体が痛むわけではないが、霊が痛がる点は、肉体の時と全く同じことだ。ところで、近代的な武器が決して強力というわけではない。銃を知らない古代武士に、銃弾をブッ放してもケロリとしておる。その痛さを知らないから、何ともないわけだ。しかし、地上で最大の被害者だった者は、地獄では最強の加害者となる。さんざん痛めつけられた痛みを知っているから、相手に何度でも同じことを繰り返し仕掛ける。地上での加害者にでも会おうものなら、相手は死なないから、何度も繰り返して相手をさいなむことが出来る。死はむしろ救いなのだ。死がないから、地獄の苦痛は終わるところがない。

余談はさておき、戦争の話に移ろう。

俺の元には、みるみる大軍団が集まった。俺はこれ見よがしに、奴らを引きつれて街を行進したから、集まるわ集まるわ、二十五万人も集まったというわけだ。だが、こいつらは絶えず反旗をひるがえす。だから、俺の強力な意志で絶えずグッと押さえておかねばならぬ。その苦労たるや一通りのものではない。しかし、この意志力・統制力が大軍団を集める秘けつなのである。

さて、集まったはいいが、イヤハヤ、時代を異にし、民族もまちまち、全くの混成ナラズ者の大集団である。古代武士あり、中世の騎士団あり、支那の海賊、えたいのしれぬ野武士あり山賊あり、はてはトルコ軍やブルガリヤの暴れん坊、さまざまである。俺はこいつらを、たとえば中世騎士団とか、古代ローマ軍、海賊軍、トルコ軍というふうに部隊編成し、訓練をした。そこはそれ元陸軍少佐の俺の腕の見せどころ。ここに大した一大軍団が出現した。

敵はと見れば……その前にまず戦場だが、ここは皇帝領とダントン領の境にある、荒涼たる平原。それは丁度、両国の緩衝《かんしょう》地帯をなしている。俺は皇帝領の側の山に陣どり、敵はダントン領側の山に陣どる。空はあくまでどんよりと、地獄特有の墨を流したよう。空気は霧のように濃厚である。しかし、目は馴れているから、けっこう視界はきく。

さて、ダントン軍というのは、フランス革命で大挙地獄へ移動した者の集団だから、武器がふるっている。いちようにギロチン（断頭器）を使う。ところが普通は、そのギロチンに敵の頭を突込ませて、首を切り落とす。これが一番楽な死刑方法だから。しかし、彼等はそこへ足を突込ませ、刺身のように切り刻んでいく。その度に相手は、生きて切られるのと同じ苦痛を感じるのだから、たまらない。

　俺は、これに対して、全く敵の意表を突いてだが、馬をたくさん使った。だいたい馬は地獄には来ない。人間のように悪を働く動物なんていないからだ。俺は皇帝の知恵に習って、この馬を、つまり俺の意志力で人間どもを馬に変えた。ダントンにはこの知恵がないのか、いや、人を馬に変えるだけの意志力がないのかもしれぬ。だいたい、人間はどんな奴でも、個性を失うとかいって、馬になるのをひどく嫌がる。嫌がる奴を無理にならせるには、大した意志力が必要なのだ。

　しかし、ダントンもサルもの。俺の騎馬大部隊に対して、大鎌をもった密集部隊を繰り出した。これが大砲とか地雷かいうのなら、へともない。騎士達はそんなものは知らぬから、痛くもかゆくもないわけだ。しかし、大鎌にはさすがの俺も閉口した。

　だが、軍勢の数からいくと、俺の方が圧倒的に多い。それに、ダントン軍の主力はフランス革命時代の旧式砲兵隊である。そこへいくと、わが軍は近代の大砲隊である。同じ砲を使うのなら、それは威力の大きい方が強いにきまっている。

こうして、戦争は数年に及んだ。及んだといっても、こっちには時間はないから、そう感じるほど、悪戦苦闘したというわけだ。俺はとうとう計略をもって、ダントン軍を挟み撃ちにし、ついに山と山の間の低地帯に追い込んだ。

すると、敵軍は内部的に混乱を生じた。というのは、ダントン軍には少なからぬ婦人部隊がいる。女とて馬鹿にはできぬ。どう猛さでは男にひけをとるものではない。しかし、これは味方を悩ます。まして低地帯にひきこまれ、軍が動かぬことになると、戦闘はそっちのけにして、乱ちき騒ぎを始めたという次第だ。

わが軍は勝ちに乗じて、けちらしけちらし、ダントン領内に侵入して掠奪《りゃくだつ》の限りをつくした。家という家は一軒たりとも残さず、掠奪しつくし、その後は必ずブチ壊す。一般住民にも見境なく、大虐殺、大凌辱《だいりょうじょく》。これぞまことの地獄絵図の限りない展開という次第だ。

しかし、奪っても奪っても一向に満足はない。霊界では物品は何の役にも立たぬからだ。たとえば、酒を奪って飲んでも、ハラワタにはしみず、渇きは逆に燃えるばかりだ。金貨や銀貨も、奪ったはしから捨てる。取るのは真似ごとだけで、役に立たぬからすぐあきる。あるのは欲望だけで、快感は少しもなく、地獄にあるのは苦痛だけである。

建物にしてもそうだ。軍勢が通ったあとは、一木一草も家も影も形もない。しかし通り過ぎると、家はニョキニョキ元通りになる。軍が遠ざかると、破壊の意志も、そこから遠のくから、復元するというわけだ。

ともあれ、俺は大勝利をして王位についた。しかし、その後で奇妙なことが起こった。ダントン軍勢の大部分が、こつねんと消滅したことだ。後になって悟ったことだが、ダントンの没落で、彼らの心に無常感が生じ、こんなつまらぬことの繰り返しより、もっとましな生活をしたいという念願を起こし、そこにしぜんに向上の道が開かれたというわけだ。

Ⅵ　皇帝の詐略

王様とはつらいものである。ちょいと気をゆるすと、すぐに謀反が起こる。残酷な仕打ちで謀反をやっつけても、相手は死ぬことがないので手がやける。仕打ちがむごければ、むごいほど反発も増す。イヤハヤ国王とは辛いもの。さすがの俺もいささか手こずっていた。

そこへ、皇帝から祝勝会への招待状が届いた。国をあければ必ず謀反が起こる。それを承知で、俺の度胸を示すために、俺は威勢よく精鋭をひきつれて乗り込んだ。

さて、凱旋式とやらは、例によって例のごとし。極度に仰々しいばかりで、中味は空疎な真似ごとばかり。調子の合わない楽隊のが鳴りたて、旗さしものはビリビリに引き裂け、頭上からまかれる花は、しおれきって悪臭を放つ。行列の先頭を行く少女達の顔をよく見ると、あくまで残忍と邪淫のシワが深く刻まれている。

大饗宴のあとで——それとて、何もかも嘘で固めた虚栄のまねごと、地獄で真実なものといえば、邪悪な分子があるばかりである。皇帝がやおら俺をかえり見てこう言った。

「いかがじゃ、王位を占むるも、苦労は並大抵ではあるまいが」

「全くでございます。陛下のお膝元にあるよりは気が安まります」

「そこじゃ。おんみもちと気晴らしの知恵でも出せばいいのじゃ。ナニ、余は時折、地上までブラリと出かける。これはまたとない余の保養でな」

その一言に、俺の好奇心はムラムラと燃え上がった。

「ハテ、地上へ行けるのですか。もう肉体は失ってこのとおりですが」

「ハハハハ、おんみは若い。ちと地獄の沙汰など勉強されるがよい。ナニ、地上の人間と、それも魔法使いとな、じっこんになればすむことじゃ。幽体はおろか、ひとときなら肉体さえ出来ぬことはない」

「…………」

「ただ、一つだけ注意しておくが、魔法使いに支配されぬことじゃ。彼らの意志は極度に強い。ナニ、おんみや余らの鉄石の意志をもってすれば出来ぬことではない。魔法使いを逆にこっちの召使いにしてしまえば、もうしめたものじゃ」

そう言うと、皇帝はつと身を起こし、

「いかがかな、今度は芝居見物になど参ろうか」

それきり、皇帝は前のことには一言もふれない。それで俺はハハンと思った。こうして俺を地上へ誘い出し、その留守に反乱が起こって、俺の失脚を待つ策略だなと。しかし、先ほどの魔法使いと、地上出現の話が強烈に頭にこびりついて放れない。

「不思議なこともあるもんだなあ、俺も一つ行ってみようかしら……」

後になって、思い知ったことだが、これは皇帝の落とし穴で、留守中に反乱どころか、このために俺はとうとう地獄の最下層まで転落させられるハメにおちいったのである。

三、禁じられた快楽

I　魔法使いと結託する

俺は魔法使いの物色にとりかかった。この残忍地獄のすみずみまで探しまわったが、ホンモノの魔法使いは一人もいない。そういう手合いは、もっと下の地獄へ押しやられているのである。やっとのことで、さる魔道の大家の弟子だったという者を見つけ出した。この者は実地の経験は何もないが、魔道の秘伝だけは師匠から教えられて知っていた。俺はこの秘伝を使って、いよいよ物質界の魔法使いと連絡をとることにした。

秘伝というのは、こちらで一定の呪文を唱える、それが地上で唱える魔法使いの呪文と同調すれば、波長が合って、地上への道が作られるという仕掛けである。やってみれば案外にやさしいものだった。

俺が連絡をとった魔法使いはドイツ人で、プラーグ市の外れに住んでいた。そいつは大した魔術狂で、一般に魔法使いは主として妖精を、時にせいぜい幽界のヤクザ霊あたりを、手下にして使うのであるが、こいつはそれにあきたらず、本物の地獄の悪魔を呼び出しにかかっていた。

俺が呪文を唱えると、うまくそいつの呪文に合って……不思議、不思議、俺は無限の空間を地上へ引張られる気がして、こつねんと右のドイツ人の面前に出た。

あたりは真暗で、石壁にかこまれた穴蔵のようなところである。中央に魔法使いが坐って、まだ俺に気がつかないらしく、ぶつぶつ呪文を唱えている。奇怪な図柄が床に描かれており、壁には三体のミイラの箱がたてかけられてある。ふと気付くと、メラメラ香料の煙が舞い上がるそばに、こうこつ状態の女霊媒師がいる。ハハン、この婦人の身体から材料を抜きとって、俺の幽体を作ることになるのかと思った。

俺が意志を魔法使いに集中すると、フイに気付いたらしく、俺を見てガタガタ震えだした。やがて覚悟をきめたらしく、キッと身構えて言った。

「命令する、もっと近寄れ」

「大きく出やがったな」俺は答えた「俺は誰の命令も受けぬ。頼みたいことがあったら、相応の礼物を出せ」

こういう時には、古来紋切型のセリフがあるらしいが、俺はそんなことにはとんじゃくせぬ。相手もそれにはマゴついたらしいが、やがてちゅうちょしたあとで、

「しからば、何を望むのであるか」

こんな時には「そなたの魂を申し受ける」とでも言うのだろうが、そんな物もらってもへにもならぬ。そこで、俺の方から切り出した。

「お前なら、何を寄越すか？」

「余の魂をつかわす」

「バカ言え！」俺は嘲笑った。「そんな物もらっても仕方がない。もっと実用向きの品物はないか」

魔法使いはちょっと思案していたが、

「しからば、汝に人間の肉体を与えてやろう」

「そんなこと出来るのか。俺は幽体も持っていないのだぞ」

「よろしい、幽体を作ってつかわそう。そうすれば、その上に肉体を作って重ねるも

よし、または、生身の人間に憑依《ひょうい》するも思いのままだ」

「そいつは豪儀だ、ぜひ一つやってくれ！」

と、まあ、こういう次第で、その魔法使いと俺との交流が始まった。

Ⅱ　憑依《ひょうい》の楽しみ

この魔法使いは、神秘学の研究家と名乗るだけあって、中身なしの幽体だの、エーテル体の妖精だのを、自在に幾つも集める力量をもっていた。それで、俺は、中から格好の妖精を一匹選びだして、これを俺の元の姿に作り変えた。つまり、俺の幽体はこうして出来上がった。次に、女霊媒に近づき、魔法使いに手伝ってもらって、その身体からエクトプラズムを抜き取り、幽体のまわりに凝縮させて、肉体を作り出すのに成功した。

「どうかね、人間らしく思えるかね」

「ああ、なかなか立派な風采だ」

有頂天になった俺は、そのまま戸外にとび出した。

「うあっ！　たいへん、たいへん……」

俺の肉体はたちまち融けはじめた。あわてた俺は穴蔵に戻って、物質化のやり直しをする始末。

「こんなヘロヘロとける身体じゃ有難くない。もっとましなものは出来ないのか」

「そんなら、生きた人間に憑依《ひょうい》すればよい。うまくやれば、けっこう生身の人間の生活も堪能出来る」

そういうことで、俺の二度目のシャバ生活が始まったという次第である。

さて、この魔法使いの趣味というのは、一に黄金、二に権力、三が復讐。さりとて色の方も嫌いではない。その証拠に、十余人の女霊媒をいつも身のまわりに飼ってある。

俺はシャバを楽しむ代りに、時には、魔法使いの手伝いもしてやった。たとえば、金貨を盗み出すなどわけはない。幽体の俺は金庫の扉から中へ透入する。中の金貨をガス体に変える。外に持ち出して元の金貨に復元する。至極単純ってわけさ。

これでは面白味も少ないので、もうちょっとうまい方法を使う。それは睡眠中の人間に近づき、身体の中に入り込んで、夢遊病者にさせる。こいつをおびき出して、うんと金貨を盗み取らせ、都合のよい所まで持って来させる。もちろん、本人は夢中でしたことだから、目がさめても、何も前夜の記憶は残っていない。

そりゃ、時には失敗もある。夢遊病者が追跡されて、逮捕されたことも一度や二度ではない。むろん、窃盗罪の罪を問われる。だが、魔法使いはのんきなものだ。まして俺の方は痛くもかゆくもない。そいつの身体から抜け出せばよい。その後に、本人の霊魂がノコノコ入り込んで、窃盗の罪を引き受けてくれる。

なにも俺がこんなことで明け暮れていたと思わんでくれ。俺の楽しみは別にあった。これがシャバに生きる者の妙利というか、生身の酒色の享楽さ。例の穴蔵には、俺の外に物質化した幽霊どもが十人くらいたむろしておる。むろん女霊媒たちも十余人いる。これらが飲んで、笑って、歌って、踊って、大声で話したり、人並みなことは何でもやる……酒食などは例の手を使えば、いくらでも手に入る。こんな饗宴は毎晩のことだ、そして、その後は、おきまりの乱痴気のコースってわけだ。ナニ、百鬼夜行？　これがまことのそのものの姿だ。

だが、困ったことが一つだけある。俺の幽体が融け易いことだ。少々憑依《ひょうい》をしたくらいではおっつかぬ。どうも仮の幽体というのはぜい弱にできていて、しょっ中補充しておかねばならない。それに、悪事を重ねるものだから、そのたびに弱り方がはげしい。これには俺もほとほと困りはててしまった。

Ⅲ　殺人の依頼

そうこうしているうちに、魔法使いから殺人の依頼をうけた。ある男が魔法使いのやっていることに気付いたというのである。

「よろしい、引き受けた」

俺は二つ返事で応じた。こういう場合の俺のやり方はきまっている。午前一時か二時頃、相手の熟睡の時を見計い、枕元に立って一身不乱に意志をこめる。すると、俺の幽体が赤黒い光を放ちつつ、もうろうと現れる。更に意志をこらすと、あっちにもこっちもに、さまざまな妖怪変化がニョキニョキ現れる。

「この下郎やっつけろ！」

「こんな奴、八つ裂きにしてやれ！」

勝手な凄文句をならべたてて、とびかかる。これはおどかしで、肉体のない者が、実際に人体を傷つけるなんてことは、容易にはできない。相手はそんなこと知らないから、七転八倒する。

この弱味につけこんで、俺は居丈高に叫ぶ。

「おのれ、アンナの怨みを忘れたか。俺はアンナに頼まれて、お前を地獄へつれに来た！」

むろん、俺はアンナに頼まれたわけではない。そんな女が地獄にいるかどうかも知らない。だが相手は気味が悪いに違いない。

「助けてくれ！」と悲鳴を上げる。「こんなに年数がたっているのに、まだ怨むなんてひどすぎる……」

こうなると、こっちのもの。調子にのってはやしたてる。

「アンナが待っているぞ、早くおいで、お出でよー」

耳元でささやいたり、かさにかかってとびかかったり、こんなことを毎晩、毎晩くり返す。

「オイ、もういいかげんにクタバレ！　どうせ助かりっこないんだ。もしかしたら気が狂うぞ。気を狂わすぞ。そんなことなら死んじまえ、死んだ方がましだ。自殺しろ、自殺しろ！」

「ああ、アンナ、許してくれ！」

この機をねらって一人の幽霊がアンナに化けて、ベッドの裾にニューッと現れ、怨みの数々をのべる。こうなると、男はわけが分からなくなり、夢中で鏡台のカミソリを手に取って、喉笛をかき切る。

この大成功に、魔法使いの喜んだこと。そこで、魔法使いはもう一人殺してくれと俺にもちかけた。それは若年の僧だが、魔法使いが悪魔とグルになって悪事を働いているのを見破り、公然と攻撃をしかけてきたのだ。これは俺にしても、当然許せぬシロモノなので引き受けた。

ひとまず、例の手を使って僧をおどかした。しかし、相手は道心堅固ときているので、何の効もない。百計つきて、うまい手を思いついた。村一番の器量よしの娘に憑依して、イロ仕掛けでたらしこもうというのだ。その娘にゾッコンほれ込ませ、数週間もあとを追いまわさせ、とうとううまいこと、懺悔《ざんげ》にことよせて、思いの数々を打ち明けさせた。

ところが、こいつが全くの堅物《かたぶつ》で、計略はみごとにはずれた。

すると、娘が口惜しまぎれに、僧の悪口をふれてまわった。この機をのがさず、俺たちは毎晩、毎晩僧の耳元で、嫌がらせをささやいた。

「オイ、ニセ坊主、インチキ宗教家。今にバケの皮がはがれるぞ。赤恥かく前に死んじまえ。死ぬに限る、自殺しろ！」

清廉潔白の生活を送っている僧だから、サッパリ驚かない。何週間もそうこうしているうちに、相手の方が気がついた。

「ああ読めた！　お前らは魔法使いの手先の悪霊どもだな。よろしい。これから私が魔法使いを訪ねて、訓戒してやる」

僧は手に十字架をとると、敢然と魔法使いの家に向かった。折しも雨がポツポツと降りかかり、雷鳴とどろく、不気味な夜だった。

僧が魔法使いの家に着くと、魔法使いは例の穴蔵に、ほの暗い灯り一つつけて、坐って待ち受けていた。俺達が先まわりして、準備させておいたのだ。着くといきなり、若い僧は居丈高になって、魔法使いを面罵《めんば》した。魔法使いは一口も言葉を発せず、じっと僧の目を見入っていた。そのうちに、僧の口から出る言葉がしどろもどろになり、ついに一言も発し得なくなった。

「このバカ者……何でノコノコここまで来よった。これでお前もとうとう滅亡じゃ！」

そう言うと、魔法使いは呪いの呪文をブツブツ唱えた。俺達悪霊はよってたかって、この哀れな僧にむしゃぶりついた。

魔法使いは叫んだ。

「いいか、俺の配下に二人の女がいる。お前がここで、その女達と出来合って、ここを密会の場所にしていたことにしてやる。明日はいよいよお前が公衆の面前で、その罪をあばかれることになる。もう逃がれる道はないぞ!」

そう言うと、魔法使いは何やら重たい物を、僧にぶっつけた。僧は声もなくその場に倒れて気絶した。

「オイ大将、殺すのはまだ早すぎるぜ」俺はそう言った。

「ナニ、殺しはせぬ。こいつの持ち物を二つ三つ。そうだ、その鎖のついた時計とか、印形に、髪の毛を二三本とっておこう。これを女達に持たせておけば、ノッピキならぬ証拠になる」

「それよりは」と俺が入れ知恵した、「この坊主と女とを実際にくっつけてやろうぜ」

「なるほど、そいつは妙案だ!」

魔法使いはただちに賛成した。——その瞬間である、部屋いちめんに、ものすごい光がたちこめた。いや、その光の熱いこと、痛いこと、肉をとかし、骨を焦がし、何ものも突き通さずにはおかないという光だ。後で判ったことだが、それはこの若い僧の、守護の大天使から発する光だった。

大天使はいつの間にか近づくと、ラッパに似たリョウリョウたる声でこう言われた。

「神は、抵抗できぬ人間を、悪魔どもが誘惑するのを黙認なされぬ。今まで、お前たちを勝手にさせておいたのは、この僧にとっての試練であったのだ。首尾よくこの者はそれに打ち勝つことが出来た。この者は天使への階段を一段のぼる。されど、お前たちの悪行は今日かぎりだ。魔術師、お前は地獄の奥深くへ沈め！　悪霊ども、汝らも地獄へ戻れ、これまでよりも一段低い地獄へおちよ！」

そう述べる間もなく、火焰が俺の身体を焼きに焼いた。魔法使いもひとたまりもなく、死んで倒れた。その霊魂はまたたくまに肉体から分離し、そしてその幽体は烈々たる聖火に一瞬にして融け、赤裸々な霊魂のみが一声の悲鳴を残し、どこともなくとび去ってしまった。同時に俺も無限の空間を下へ下へと、はかりしれぬ暗闇の中を落ちていった。最後にやっとどこかにたどり着いたが、そこは元の俺の王国でもなし、残忍の都市でもなしに、おそらくもっともっと下の方、ほとんど地獄の最下層に達していた。

四、鬼のいる地獄

Ⅰ　真の悪魔

こんど着いた所は、前の所とはだいぶ模様が違う。一望ガランとして人っ子一人いない。闇そのものがジトジトしていて、濃度が強い。全般に一段と品質が劣っている。

少しぶらついてみようとしたら、突然、耳をつんざく何とも言いようのない、絶望のわめきが聞こえた。オヤ、と立ち止まると、闇の中から、疾風のように一団の亡者たちが駆けて来た。その後から、シャニムニ笞《むち》を手にした一団の……ああ、これぞホンモノの悪魔だった。

悪魔にはニセモノとホンモノがある。幽界あたりにいる、こうもりの翼だの、裂けた蹄《ひづめ》、角の生えた頭だのの悪魔は、みんな人間の想像がデッチあげた、いわゆる想念体で、悪魔の影法師だ。しかし、ここにいるのは正真正銘の悪魔で、人間の霊とはまるきり違う。全く想像を絶したシロモノで、つまり一種の鬼である。

そういうのが手に手に笞《むち》のようなものを振り上げ、「コラッ、往生したか！」と、打ちのめし、ののしりながら、人間の霊魂の群を追いたてて行く。「本当の神とは俺達のことだ。お前らの言う神は、人間の頭から出たカスだ！」

そんなことを叫びながら、だんだんこっちへ近づいて来る。たちまち鬼の一人が俺の顔をピシャリとなぐりやがった。そこはそれ、地獄のやり方には馴れている俺のことだ。さっそく相手にとびかかった。ところが、今度はどういうわけか、さっぱり力が出ない。いくら気張ってみても、めちゃくちゃに殴られるばかりだ。さすがの俺も往生してしまった。口惜しいし胸が張りさけるようだが致し方がない。ぶっ倒れると、今度は誰かが俺の身体を錐《きり》のようなもので突き刺す。いや、その痛さといったらない。俺は悲鳴を上げてとび起きると、夢中で他の亡者達と一緒に走り出した。あてもない虚空を悲鳴を上げながら、ただ走りに走った。

ここからが本当の恐怖の時代の始まりだった。あるのはただ闇、迫ってくる鬼の笞《むち》。その痛さに狂って死んでしまえばいいものを。死がないから、痛さから逃れるためには、ただ走らねばならない。先へ先へと我々は駆り立てられ、ただの一歩もただの一瞬も止まることを許されない。つまづく、倒れる、起きる、走る……しまいには「自我」が身体から叩き出される気がした。

逃げるのに忙しく、お互いに口もきけない。男もおれば女もいる。着物はどうやら着ているが、みんなビリビリに引き千切れ、中には素裸もいる。陰々たる空気を通して、顔くらいは認められるが、国籍も違えば、時代もみんな違う。ただ、どいつもこいつも意志が強固なのか、鉄壁の城で自分の思想を包んでいるようで、今度ばかりは、俺の力をもってしても、誰の気持ちも見抜けない。ただ我々は一団となって、どこともしれぬ闇の中を、無我夢中で走りに走る。

後からは、間断なく鬼たちの凄文句が聞こえる。

「呵責《かしゃく》は重く、褒美《ほうび》は軽い。走れ、走れ、永久に。お前らの前途に救いはない。あるのは永久の闇と永久の罰。どうだ、これでもか、これでもか」

「お前らは、神を拝まず悪を拝んだ不届き者だ。イヤイヤ、この世に神はいない。あるのは俺達だけだ。悪があるから善がある。悪が根元で善は影。どうだ、これでもか、これでもか」

「地上で俺達はお前らに仕えてやった。今度はお前らが俺達に仕える番だ。死後の生命などお前らにはない方がよかったんだ。もがけ、泣け、あきらめろ」

とうとう、俺は一人の鬼に向かって叫んだ。

「こう追われてばかりいてはたまらない。俺も追いかける方になれんもんかなあ」

「そんなこと訳はない」鬼は俺の顔をピシャリと叩きながら叫んだ。

「もう一つ上の境涯に行って一〇〇人の霊魂をひきずって来い。そうすりゃ、その功徳でその役になれる。なんと易しいことだ」

「どうすれば上の境涯とやらへ行けるんだろう」

「それなら俺達が案内してやる。だが、俺達の手から逃れられると思うなよ。ただ俺達の下働きをするだけだ」

こうして、俺はとうとう悪魔の弟子入りをすることになった。

Ⅱ　眷族《けんぞく》募集

道案内に現れた鬼は俺よりかずっと背が高い。闇の中から生まれたらしくドス黒い身体をもっている。そいつは二分間と同じ格好をしていない。のべつ幕なしに顔も姿も変わる。フワフワした黒い着物を着ていたかにみえたが、みるみる素裸になった。今度は山羊になったと見えたら、たちまち大蛇の姿になった。オヤ！と見ているうちに、瞬間にまた人間の姿に返った。人間といっても、これほど醜く憎々しくあきれ返った顔付きの人間は一人もいない。目は長方形で、蛇の目だ。鼻はワシのくちばしでできていて、大きな口は歯がみんな牙になって突き出ている。悪意と邪淫が顔の隅々にまでみなぎり、指先は骨から爪が生えている。そうして総身からポタポタと闇のしずくをたらしている。そうするうちに、パッと今度は一本の火柱となった。だが不思議なことに、それからは光線というものが放射しない。

その火柱が「後について来い」と言うので、俺は動く火柱の後からついて歩いた。すると闇の中から、調子はずれの讃美歌のようなものが聞こえた。近づくと、山腹に洞穴があって、幽霊たちがうようよといる。火柱は半分人間くさいものになると、穴の中に入って行った。

にょうはちやラッパやらがガチャガチャと穴の中で鳴ると、それにまじって物凄い叫喚やら、調子はずれの讃美歌やらが聞こえる。やがて前面に玉座が現れ、そばには猛火のかたまりの大釜が、物凄い音をたてて炎々と燃えている。玉座には気味の悪い大怪物が坐っていて、釜の火に投げ込まれる男女の子供達が、ヒイヒイ悲鳴を上げるのを、さも満足げに見守っている。

「あいつらはみんな子供の姿をしているが、本当に子供かしら……」

「そんなことあるもんか！」案内の鬼が答えた。「みんなあいつらは大人だが、無理に子供に縮小されて、悪魔の犠牲にされるのだ。ホンモノの鬼はしょっ中管内を探し歩いて、つかまえた奴は釜へ投げ込むのだ。本当の子供はこんな所へ一人も来るはずがない。……それそこへ鬼がたくさんやって来た」

たちまち物凄い叫びがあたりに起こった。すると一群の鬼が穴の中に突入して来て、俺をはじめ、そこいらにいる者を全部大釜の中にたたき込んだ。これは燃える火なのか、鬼の念力で火のように熱いのか、とにかく、その時の苦痛といったらない。

ようやく鬼が去ったので、俺達は釜の中からはい出した。他の奴は前のように調子はずれの祈禱《きとう》をはじめたが、俺はごめんをこうむって、案内役の方に近づいた。

彼はとがった歯をむき出して笑った。

「どうだ、この刑罰もラクではなかろう。よほど踏ん張って眷族《けんぞく》をつれて来ないと、こんなお手柔らかなことではすまないぞ」

「つれてくるよ、つれてくるよ」俺はいくらかあわてて、「つれては来るが、何でそんなにたくさん眷族をほしがるんだ。どうせつれて来てもいじめるだけではないか？」

「当たり前だ！　俺達は人間が憎いんだ。俺達の本業は憎むことだ。俺達はしんから人間が嫌いだ！」

そう叫ぶと、全身がたちまち炎々たる火の固まりになった。再び人間の姿に戻ったのは、それからしばらくたってからだった。

「さあ、これから、いよいよお前の仕事だ！」

突然、鬼は俺をつかまえて、虚空はるかに跳び上がったように感じられたが、ふと気がつくと、そこは俺が以前に住んでいた上の境涯だった。

そこいらは、「けちんぼの国」という所らしく、外から自分の黄金を取りに来はせぬかと、そればかり心配している亡者達がたむろしている所だった。なにせ、早くうんと眷族を集めねばならぬ。俺はうまいこと一つの妙案を思いついた。俺はこう言って集めた。ある者には、悪魔を拝めばいくらでも黄金がもらえるぞ。またある者には、悪魔にすがれば、黄金は一枚も取られずにすむぞと。この計略は図に当たり、たちまち予定の人数が集まった。俺は直ちに悪魔供養祭の執行にとりかかった。

はじめは、いくら祈願しても、悪魔の方で受け付けてくれないふうだったが、やがて無形のある力が俺を引張るように感じられ、来たナ！と思うまにぐんぐん引張られ、ついに立っている地面が俺達の足の下から、ズルズル下へ向かって急転直下、奈落の奥深くへと沈んで行った……。

呪われた約束の地に着くと、たちまち鬼どもがバラバラ群がり集まった。

「これで、いよいよ褒美にありつけるな」

と、ほくそ笑むと、褒美どころか、あべこべに一人の鬼から引導を渡されてしまった。

「こいつめ、悪魔の役割を横取りしやがって！　よく考えてみろ、お前らと俺達とでは権能がまるで違う。俺達は人間をいじめるのが天職だ。お前らはもともと人間の部類で、これをいじめたり憎んだりする権能をもっていない。勝手な利己心から同胞を裏切ったのだ。鬼と人間では天性がまるで違う。人間はいくら鬼の真似をしても鬼にはなれぬ。バカにするない！　さっさと元きた仲間のところにすっ込め！」

俺はほうほうの体で、連れて来た亡者どもの所に戻ったが、それも一瞬で、よくもだましたなということで、寄ってたかって八つ裂きにしようとした。それから起こったことは、夢魔式の連続で目も当てられない。一方では鬼の笞《しもと》で一同前へ前へと追いたてられ、追われながらも仲間の亡者がズタズタに俺を引き裂きにかかる。俺は何度引き裂かれたかしれない。そのくせ死ぬことも出来ず、生きながら死の苦しみが続くばかり。ようやくのことで、俺はすきをみて、彼等の間から抜け出て死物狂いで逃げた。彼等も死物狂いで追って来た。

どこをどう通ったか、何事をどうやったのか、何の記憶も残っていない。ただ悪夢に襲われた時そっくりに、前へ前へと疾駆するらしく感じるばかり……。やがてもう一度、急転直下に下方に墜落しはじめた。もうジタバタする気力も失せ、勝手放題に下へ、下へ、下へ、未来永劫とどく見込みのない奈落へと落ちていった。

何年間、何十年間、そうしていたか分からない。とうとうしかし終わりが来た。何やら海綿状の物体の中に身体が埋没して、ニッチもサッチも動かなくなった。サリとて地面でもない、泥でもない、こんなものどこにも地球上には存在しない。これが地獄名物の闇のかたまりであった。

音もなく、光もない、一切空。頭の上も、足の下も、腹も背も、あるのは粘着した闇だけ。人間の仲間はずれになり、鬼からも見放された、絶対無縁、絶対の孤独境。淋しいとか、情けないとかいうものではない。これが俺がたどりついた最後の幕であった。ああ、あの時のさびしさ、ものすごさ。

五、第一境　地獄のどん底

I　底なし地獄

ここに落ちた者は、ここに落ちた者でなければ分からない苦しみを、人に伝えることはできない。後悔の念なんてなかった。あったのはただ絶望、そして捨て鉢。すると走馬灯のように、俺の過去の罪障が次々と見えた。どこからともなく俺をあざける声が聞こえる。

「お前は生涯を悪魔そのままに生きた。もうどんなクズの人間でもお前を捨てた。もう俺たちすらお前の姿を見たくない。呪われた者よ。お前には希望はない。絶望すらあるのが不思議だ！」

絶対の寂滅！　そういうものがあれば、それだ。絶望に口を開けば、闇が流れ入って栓をする。「彼らの口、塵芥《ちり》もて塞がるべし」、どこからともなく、そういう言葉が来て、俺の頭の中にとまる。

こんなくらいなら、鬼に追われた咎の方が、どんなにましだったか。八つ裂きにされていた方が、まだ張り合いがあった。今となっては、もう高嶺《たかね》の花である。幾世紀、そう幾十世紀も、俺はそうしていた。そうこうしているうちに、いつの間にか、ダンテのあの言葉が、俺の身体全部をひたしているのが分かった。

「ここに入りたる者は、すべからく一切の希望を捨てよ」

それから幾世紀、また幾十世紀かが流れたようだった。

そうしたら、乾いた胸に一つの言葉が、コビリ付いていることが分かった。

「神よ、神よ、なんじは何故にわれを見捨てたまえるか？」

俺はキリストのした事なんて知らぬ。だが、この言葉には恐ろしい真実が隠されていることが、うすうす分かった。そうだ、俺は、初めはこれが大事な言葉だなどとは、少しも思わなかった。ただ、何となし、深い意味が隠れている言葉だと、そうだ、永い間そう思っていただけだ。そのうち、こう思うようになれた。神はもしかしたら、俺が地獄におちている苦しみを知っているかもしれん。神は愛ならば、多少のあわれみがあるだろう。

そうだ、きっと神は俺を救い出してくれる、神があるならば。ああ、俺はバカだった。なぜもっと早くこのことに気付かなかったんだろう。後悔しさえすれば、俺は救われる。しかし、ここは底なしの地獄だ。永劫《えいごう》の場所ではあるまいか。そう思ったら、また頭が混乱して何も考えられなくなった。しかし、キリストのことを考えていることは楽しいので、そればかり思いつめていた。

そうしたら、無性に俺の過去がバカらしく見えてきた。何と俺はつまらぬ人生を送ったもんだ、畜生！「イヤ」待てよ、今さら愚痴を言ってもはじまらぬ、「俺は俺の借金だけはキレイに返しておきたい」。そう思ったら、ふしぎに俺の過去のわずかな善事──イヤ、それはあきれ返るほど少ないが、それが他の不愉快な光景の合い間に、チラ、チラ、浮かんで、何ともいえぬ清涼剤に思えた。

そうしたら、「母は今頃どこにどうしておいでだろう」、幼い時に死に別れたままの母親のことが無性に思われた。すっかり忘れたままになっていた幼い日々のことが、何もかも思い出されたが、ただ一つ、母から教わったはずの祈禱の文句だけが、どうしても思い出されない。

それを思い出したい、そうして、借金をきれいにしておきたい。その二つのことが、何とも俺の心にひっかかって、俺を放さなくなった。

Ⅱ　祈りの力

それから何が起こったか。俺に説明せよといっても言葉はない。だが、話せば、次のようなことだ。

とにかく、俺は母から教わったはずの祈禱の文句を一心不乱に思い出そうとした。ところが、こいつばかりは何ともならぬ。世間で言う、呪われた者に祈禱はできぬというのは、あれは本当だ。だが、俺はやっぱりそうしていた。そうしたら、全く不意にだが、霊感がひらめいた。「神にすがれ、神よりほかに汝を救いうるものなし」。いったい、どうしたというのだ。俺は今まで、それと反対のことばかりしてきた。つまり、神から遠ざかる努力ばかりしてきたわけだ。何という奇想天外だ。今度はその反対の方へ走れと言うんだ。勝手違いも甚だしい？

そうしたら、次の霊感が来た、「祈禱にかぎる」。俺はヤミクモに、やはり忘れた祈禱の文句を思い浮かべようとした。しかし、そいつはやはり無理なことだった。しかしだ、第三の霊感が俺をピリリと打った、「おお神よ、われを救え……」。たったそれだけだったが、ああ、こいつはたしかに祈禱の文句だ。母から習ったそれだったかはさだかではないが、ああ、こいつはたしかに祈禱にちがいない。俺は、何度も、その祈禱の文句を繰り返した。

これから先は、はじめに言ったように、説明する言葉がない。何が起こったか？

……………

俺が祈禱の文句を繰り返すたびに、妙に心地よい温かさが来る。来るから唱えたら、しまいに、少々熱くなり、とうとう身体に火がついたようで、たまらず少し中止した。

そうしたら、ヒェッ！　何としたことだ、俺は海綿状の闇の海から、妙なぐあいにフワリフワリ上昇していくではないか。思うに、俺の身体の目方が軽くなったのだな。つまり、熱で身体の粗悪な分子が焼きつくされたというわけだ。

上昇つづけて行ったら、真暗な中にも、何やら黒いつるつるした岩が見える。つかもうとしたら、つるりとすべってつかめぬ。イヤ、地獄のどん底というのは、言うなれば、深い闇の湖水と思えばよい。闇の濃度が海綿状の重たい水だ。俺はその中に何十世紀とつかっていた。今そこからわずかに首を突き出した。しかし、湖水はすごい絶壁で囲まれている。目の前につるりとした岩がある。だが、こいつはすべって駄目だ。

俺は、もう一度祈禱をすればよいと思いついた。「おお、神よ、首尾よくこの闇の中から逃がれ出る力をわれにかしたまえ……」。そうしたら、重たい湖水の水がざわざわ揺れだした。あわや、俺はまた水に呑まれるのかと危ぶんだら、反対に、大揺れの波が俺をポイと岩の上に放り上げた。思うに、俺のような者でも、芽を吹いた信仰のおかげで、黒く濁った地獄の水にひたっているには、もう目方が足りなくなったのだな。

Ⅲ　地獄二丁目への脱出

岩の上は真暗で何も見えない。だが、これまでのような触覚にふれるほどの闇ではない。じっと目をこらして見ていたら、俺はがっかりした。打ち上げられた岩は、千仭《せんじん》の絶壁に、ほんのちょいと突き出たテーブルのような所だった。そこはそれ、例の奥の手を出して祈りに祈った。すると、目がきいてきて、どうやら片手がかかりそうな左手の上に、穴があいているのが見えた。さんざん足場を探したあげく、よじ上ってのぞいたら、案外に奥の方は広くなっている。とにかくそこを通って出た所は、またもや千仭《せんじん》の谷底だった。

俺はここを先途《せんど》と、そこをよじ登るしかなかった。どうやら崖の上方は、帽子のひさしのように突き出ている感じだ。しかし幸いなことに、崖の中ほどは馬の背のように、岩が崖に沿って延長していた。俺はその上を通ることにした。

少し行くと、すぐそれが尽きて、もうどう仕様もなくなった。ああ、やっぱり失敗か？

いったん俺はヘタヘタと地べたに崩れた。どう考えても何の工夫も浮かばない。万策つきて俺はまた祈りを始めた。度々のことなので、格別の希望をつないだわけではない。だが妙に、勇気がわいたので、立ち上がって出口を探そうとした。

その時、豪然たる雷鳴が起こって、崖の壁面から巨大な岩のかたまりが崩れ落ち、谷間をつないで橋のようにかかった。これは祈りのききめなんだな、俺は勇気をふるって、そのギザギザ橋を上へと登った。頂点に達したら、その向こうはまた石ころだらけの渓谷で、たいへんな難所だった。俺は一進一退しながら、歯を食いしばって、何度も岩と岩の隙間に転落しかかりながら、ついに征服した。この時ばかりは、俺の平生の負けず嫌いが役に立った。

が、これが最後の難関だった。出ぬけた所は、ずいぶん石ころだらけの荒地だったが、わりあいに平坦なので、俺ははじめてほっとため息をはいた。俺はどうやら地獄のどん底から、第二境へとぬけ出たらしい。

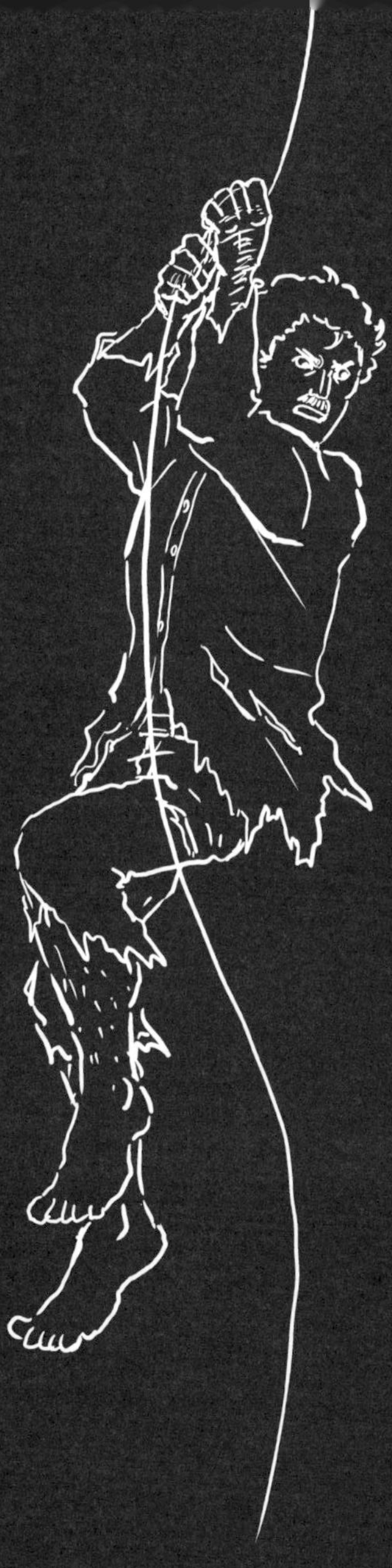

六、第二境　再び鬼のいる地獄

I　鬼からの脱出

ガランとした、ごろ石の荒地に出て、俺には新たな心配が起きた。再び、鬼どもに追われるのではないか。あれはたまらない。しかし、人っ子一人いない。何事も起こらない。それなら、無人の境に俺は置き去りにされているのではなかろうか。こいつも実にたまらない。いやいや、神は俺をからかっておいでになるのだ。祈りのききめなどとは、当座の気安めだったのだ…… しかし、闇はいくぶん薄らいでいる。これは確かなことなので、俺にははじめて希望がわいた。

ごろ石の荒野を俺はトボトボ歩いた。遠くでかすかな物音がするので、俺の足はそっちへ向いた。すると、その正体はすぐ読めた。あれは鬼に追いたてられる亡者たちの叫びだ。もう一度あの苦しみだけはたくさんだ。さりとて、まるきり仲間なしの孤独もたまったものではない。

どうしようと思いまどっているうちに、一陣の風のように亡者の群が、鬼たちに追われて押し寄せたので、俺も否応《いやおう》なしに巻き込まれて、一緒に突走らざるを得なくなった。しばらく駆り立てられながら、何とかしてこの呵責《かしゃく》から逃れたいと考えた。見るとそばを走っている男がいる。俺はよろめく足を辛うじて踏みしめて話しかけた。

「オイ君、何とか逃がれる工夫はないものかね」

「そ……そいつが出来ればまことに有難いが……。」

すると、早くも鬼が聞きとがめて、二人を烈しくピシャピシャ叩く。

「実にけしからん奴どもだ。思いしれ、思いしれ！」

なぐる、走る、走る、殴る。まるで競馬だ。俺はそうされながらもあたりに目を配った。すると、デコボコ道のつきる先に高い崖があり、崖にはところどころにスキ間がある。俺は仲間の男にささやいた。

「あれだあれだ」

なるべくそっちへ近づくように走りながら、やにわに岩の割れ目の一つに逃げ込もうとした。鬼の一人が勘づいて追跡して来た。死物狂いで走ったが、むろん鬼にはかなわぬ。むんずとつかまえられてしまった。

俺は男に入れ知恵した。

「祈れ、祈れ！　地獄でも神様は助けてくれるぞ……」

俺は手本を示して、祈ってみせた。

「おお神よ、救いたまえ……キリストにより我れを救って下さい！」

「黙れ！」鬼がどなった。「神がなんでお前など救うか！　勝手に神をハネつけておいて、今さら救えとは何ごとだ！　今度は神がお前をハネつける番だ。神様だって忙しいやい！　戻れ！　戻らぬと、コレデモか！」

それにつづいて、恐ろしい笞が、二人をピシャピシャと襲った。俺はそれにかまわず一心不乱に祈った。だが、仲間の男はとうとう我慢し切れず、元きた方に逃げ戻った。多勢でいた方が、いくらか受ける笞の数が少なくてすむからだ。

その瞬間に、俺はふとすぐ下に黒光りする、イヤに汚らしい池があることに気付いた。俺は一瞬のちゅうちょもなしにその池の中にとび込んだ。

II　残忍地獄への脱出

とび込んだ池は、もう地獄のどん底の闇の固形物ではない。どちらかというとギラの浮いた地上の汚水に似ている。

俺はその池を泳ぎ越そうとした。鬼がつづいて水の中まで追って来る。わずか首を出すと、ピシャピシャ叩く、いや、その苦しさといったら！　一心に神を念じつつ、首尾よく対岸に泳ぎついた。

俺は断崖絶壁の下で命がけで祈った。気がつくと、腰のまわりに一本の細い紐がかかっている。しらべると、沢山の環をつないで出来ている紐だ。その環というのが、俺の生前のわずかばかりの善行のしるしなのだ。ああ、それを知った時、どんなに感謝と勇気が湧いたことか。

その間にも、鬼が近づいて、俺の背も顔もピシャピシャ殴る。俺は屈せず、腰の紐をほどき……紐は心細いほど細い、しかし、思ったよりは長い……その一端に輪を作り、断崖の壁面の突き出た一端に引っかける。鬼がそうはさせじと、雨のように咎を呉れる。何度か失敗したあとで、見事にかかる。俺はその紐を伝ってよじ登る。おお、何という細さ！

「どうぞ、この紐が切れませんよう……」

このときばかりは俺は命を三つ四つも捨てたつもりで祈った。不思議なもので、紐はみるみる太くなるように思えた。鬼はその間にも俺を打ちつづけた。とうとう、それも届かなくなり、俺はついに崖の上へ達した。

あたりは真暗。気がつくと、いつのまにか紐は消えていた。俺はヘタヘタとそこへ坐り、神に感謝の祈りを捧げた。

崖の上は、細い畝《うね》のようになっている。両側は千仭《せんじん》の絶壁。歩くうちに、少しずつ広くなった。俺は気が楽になったので、道々こう考えた。

「何事も強固な意志がかんじん。強い意志さえあれば、どんな仕事でも成功する。余人はいざ知らず、こんなひどい目にあったら誰でもサジを投げる。ハバかりながら俺はチト違う、どんなもんだい」

その瞬間、俺は足を踏みはずして、矢のように断崖から転落した。あまりいかぬうちに、岩と岩の裂け目にはまって危うく止まった。

七転八倒の末、やっとの思いで、元の場所にたどり着いた。その後は、前より気分が幾らか清浄となり、気をつけながら前進した。

焼石とか、ギザギザ石の道を通り抜けたら、最後は平坦な場所に出た。ふと気づくと、一つの洞穴がある。かまわず、中に入ってどんどん進んで行くと、不思議なことに、外よりもこの中の方が明るい。つと、一つの角をまわったら、待ち伏せていた四人の男がバラバラとおどり出て、俺をメチャクチャに殴り、縄でグルグル巻きにしてしまった。

もちろん、俺は烈しく抵抗した。以前の俺なら、手もなく相手をハネつけるところだが、どうしたことかメッキリ力が落ちている。つまり、悪い一方の時には地獄で大へん幅がきくが、善性が加わるにつれて、だんだん力が弱くなるらしい。どうやら、俺は地獄の第三境へと抜け出たらしい。

七、第三境　再び残忍地獄

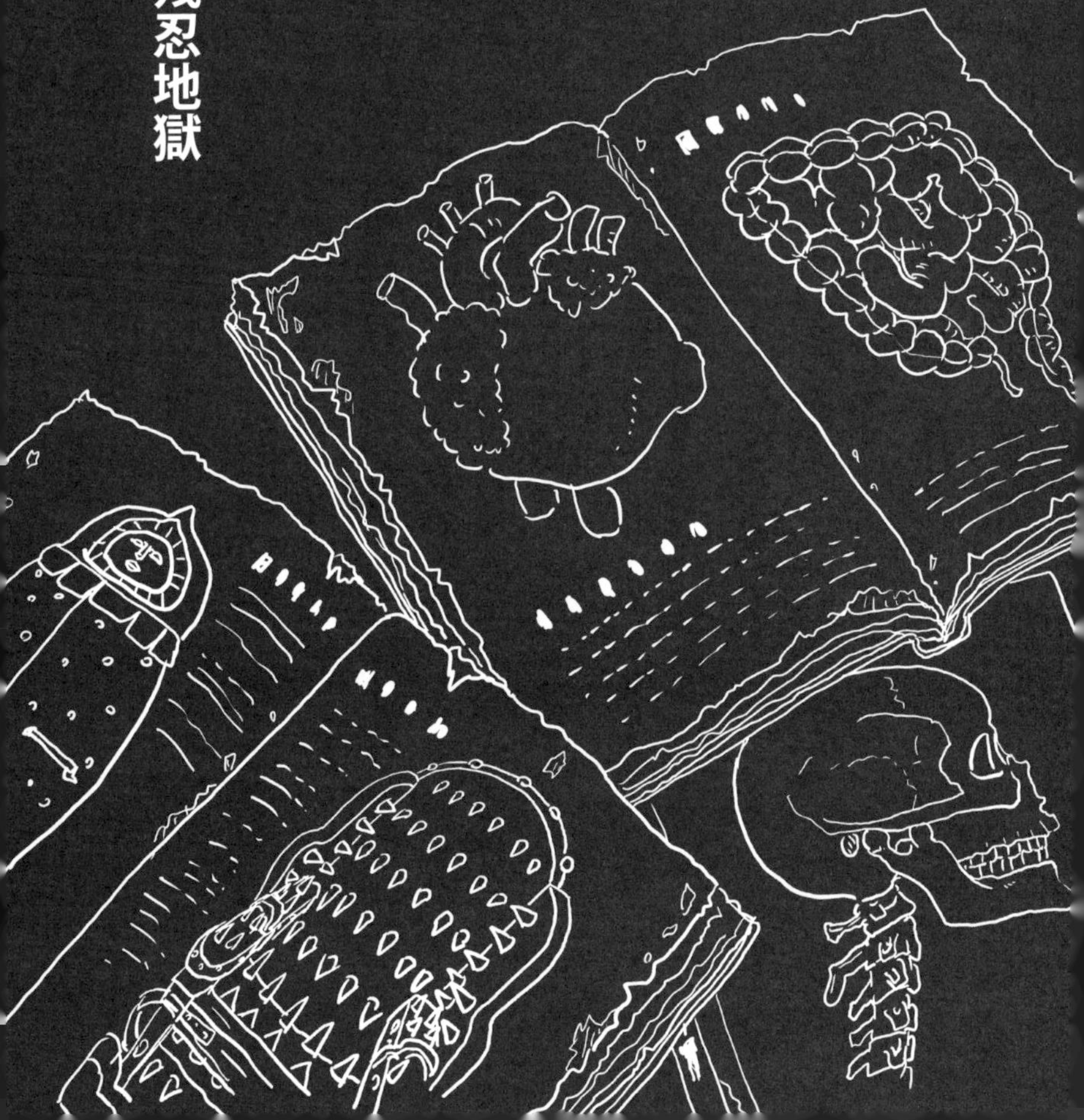

Ⅰ　地獄の図書館

四人組がやたらに、俺をポカポカ殴るので、きいてやった。

「何の理由で、俺をそう殴るんだ」と。

「別に理由なんてあるかい、こうせんと、どっちが強いかはっきりせんだろ」

なるほど、そう言われれば、俺も以前は理由もなしに、ただそうした目的で人を殴ったもんだ。

俺は口惜しいので反抗したが、力の弱り方がもうハッキリしていて、とても駄目だ。それは俺の意志力が弱ったのでなく、悪事を働こうとする意識が弱まったので、そうらしい。とかく地獄では、悪への意欲が強い者ほど、それが力で幅がきくらしい。

俺はすきを見て逃げ出した。四人組はすぐ追って来たが、俺はまたたくまにこれを引き離して、逃げおおせた。どうやら、俺の悪の意志が弱まった分だけ、逃げ足の方は速くなったらしい。

俺は何週間も、小石まじりの闇の野原を、走りに走った。人っ子一人いない。いても、俺の方でよけて通った。最後に、巨大な灰色の建物の前に来て足が止まった。見ると、看板に「憎しみの都市図書館」と書いてある。

ふーむ、これは好都合。俺はいずれこの地獄から脱出したい。その折、地上の学会に地獄の内幕を知らせてやらねばならない。百聞は一見にしかずと、俺は中に入ることにした。

入口に、ひどく人相の悪い老人がいる。俺はかまわず見学を申し出た。

「見せてやるよ。とかく、地獄でひとかどの者になりたかったら、先ずここで、いじめのコツを勉強しておくに限る、イヒヒヒヒ」

俺が、ここは地獄の本なら何でもあるのかと聞いたら、

「イヤ、ここは憎しみと残忍が専門の図書館だ。愛欲ものなどは、この先の愛欲の都市にある図書館に、皆そろっておる。人間界から押し寄せる、地獄用の図書は洪水みたいなもんじゃ。地獄では、それぞれに専門の図書館を作って、収容しておる」

そういえば、この図書館も規模が壮大なこと。書籍部、絵画スライド部、映画部と三部に分かれて、それぞれにぼう大な資料を保管しておる。

まず書籍部には、毒殺の手引書、拷問の史実と解説書、宗教裁判の記録、それにぼう大な生体解剖の医学書がある。俺が、こんな医学書がなぜ地獄にあるのかと聞くと。

「地獄に来る本と、そうでないものとには、ちゃんとした基準がある」

そう言うと、老人は口をゆがめて次のように話した。

「基準というのは、まず動機だ。社会同胞の幸福増進のためのものなら、生体解剖書でも、これは地獄には来ない。しかし、大半は、〈学問のため〉と称して、実は解剖の苦痛が、生体にどんな作用を及ぼすかなど、好奇心からやっているものが多い。また、動機はよくても、方法が愚劣で、世の中に悪い影響を与えるものは、もちろん地獄に来る。えてして、生体解剖学者には冷血動物が多い、イヒヒ」

「すると、そうした学者達は地獄に入りますか」

「もちろんじゃ。この先の病院に行ってみろ、そうした手合いがワンサと勤務しておる」

「病院で、どんな治療をしますか！」

「バカ者、地獄で病気は治さん。それ、その〈神聖な学問の研究〉というのが、目的だ。近頃、これが地獄繁盛の原因となっておる。イッヒッヒ」

「もっとも」と、老人は前おきして「全部が全部、生体解剖学者が地獄へ来るわけではない。学究肌で、ちょっと目の曇ったていどなら、幽界で動物の復讐をうけて、前非を悔いる。つまり、目が覚めるわけだ。それに、地上の「動物虐待防止会」が、罪障消滅に一役を買っておる」

老人の案内で、絵画スライド部や映画部を見てまわった。いやいや、古今東西のありとあらゆる、いじめの手口や拷問器械などが、生々しく再現されておる。さすがの俺も、人体の生体解剖映画には、途中で見るにたえず、ほうほうの体で退散した。

Ⅱ　地獄の病院

また、ガランとした荒野を何日か走った。すると、はたして地獄の病院があった。図書館より何となく気味が悪く、汚いことは無類だ。この点は、地上の病院とまるきり反対である。

廊下の突き当たりに、手術室があったので、のぞいてみた。地上の病院と何もかもそっくりで、ただ一つ違うのは、患者がベッドにぐるぐる巻きにされている。今しも中枢神経の切開とやらで、一人の医師が恐ろしい手術をしている。それを見物人が群がって、見ながらニタニタ悦にいっている。

隣りが解剖室である。ここはひどい。一人の男を、学者が生体解剖している。全身を幾つにも切り刻むと、それらはすぐに原形に復する。すると、別の学者が、それを同じように切り刻む。何度も繰り返してそれをやるのだから、男はたまらない。

その横に、女が一人、生体解剖されかかっている。女が哀願すると、若い医師がちょっとためらった。横の手術中の年かさの学者が怒鳴りつけると、若い医師はあわててメスを取り上げた。俺は見かねて、口をはさんだ。

「どういう理由で、この女《ひと》はこんな仕打ちを受けるのですか?」

女は、えたりとしゃべりだした。それで一時解剖は中断された。

「あたし、ニニー。パリの踊り子で、そいでジュー（ユダヤ人のこと）の囲い者になったの。こいつ高利貸で金持なのに、ひどいケチなの。それであたし情夫《いろ》をつくってやった。そしたら、二人でいるとこジューに見つかって、ひどい仕打ちを受けたの。情夫《いろ》の奴あたしを置き去りにして逃げちゃったの。

そいで、あたしこの二人に復讐してやろうと思ったわけさ。運よく、暴力団のボスのガストンと知り合ったわ。この人ちょっと垢ぬけしたいい男よ………。

あたしガストンをたきつけて、ジューの屋敷に侵入させたの、お金いくらでも持ってるからって。だけどジューはケチだから、現金は家においてないこと百も承知さ。

ガストンはジューを火攻めにしたわ。その素足を炭火にくべてさ。手下の二人が、その炭火をふーふー吹いてさ。ジューはヒイヒイ悲鳴をあげて、二〇〇フランきりないって言うの。あたし二万五〇〇〇フランはおいてあるはずだって、言ってやったわ。何度もそうやってたら、ジューの奴気を失ったから、あたし頭をけ飛ばしてやったさ。それから、もっとやれってガストンをけしかけたの。ガストンが逆さに吊るして水攻めを始めたわ。そうこうしているうちに、サツの手がまわって、みんな逃げようとするから、あたし言ってやったの。

『バカだね、お前さん。生かしておくと犯人がバレるじゃないか』

『全くだ！』ガストンがそう言って、ジューの喉笛を、ナイフで刺したわ。

うまくその場は逃がれたけど、ある晩、それからまもなくして、ガストンが酔っぱらって、あたしのことナイフで刺したの。それから、だんだん順序をふんで、今ここでこうして、ひどい目に合わされているってわけ」

この長話を聞いて、俺は尋ねた。

「それで、あんたはジューのことを、気の毒に思わんのかね」

「気の毒？　何が気の毒なもんですか。それくらい当たり前よ。でも、ここの解剖室に置かれるのだけは真っ平だわ」

今度は、若い医師に向かって、俺は聞いた。

「貴方は、この女にどんな恨みがあるのですか。そりゃ、この人は重ねた罪で、せっかくの器量も悪くなってる。だが、貴方に何をしたっていうのですか。貴方がこの人にこんな仕打ちをする理由を伺いたい」

「理由？　そんなもの必要ないさ。誰だって自分がつまらない時は、人をつまらなくしてやれば、何となしに気がハレバレするものさ。だが、今じゃ、そんな嘘にもあきあきしている。今はただ機械的にやっているだけさ。だいいち、ここの人間で、憐びんに価いする奴なんか一人もいない。地獄はたいくつな所さ。時間つぶしには、こうやってるに限る。それに、地獄には時間がないからやりきれない」

そう言って、若い医師は、ブスリと女の胸にメスを突き立てた。

あきれて、俺がそこを出ると、三、四人の医者が出て来て、

「今逃げた奴の代りに、こいつで間に合わしておこう」

そう言って、俺をふんずかまえようとした。

「冗談いっちゃ困る」

俺はメチャクチャに抵抗したが、すぐつかまって解剖台に乗せられ、さっき見た男のように、何度も切り刻まれた。ああ、あの時の痛さったらない。そのうち、医者達が何かで争い始めたので、俺はスキを見て逃げ出した。一人二人はひき止めにかかったが、すぐに、あきらめた。思うに、地獄では協同一致の精神に欠けている。俺一人くらい、力を合わせればわけなくつかまえられるのに、それをしない。一緒に何かをやっても、すぐけんかを始める。

もう追って来る者もいないので、俺は歩調をゆるめて、憎しみの都市を後にした。

Ⅲ　救いの光

病院でひどい目にあったので、いっそう俺は地獄から早く脱出したい気持になった。それで、ごろ石だらけの地べたにひざまずいて神に祈った。こうするほかに方法を知らないし、だいいち、地獄には出口を示す道しるべなどないのだ。

俺は一心不乱に祈りに祈った。すると、救いが思いがけない形で現れた。はじめに、豆つぶほどの星が、地獄の闇に現れたと思った。ただし、赤黒い地獄特有の火でなく、すずしげな白光なので、ああ、懐しさに胸をしめつける神の光。

だんだん近づくと、ただの光でなく、人の身体から発光している光なのだ。ついに天使が姿を現された――俺は思わず両手を突き出して、心から祈りを捧げた。

ただ、天使が近づかれるごとに、俺の全身が痛い。魂の奥から焼けこげていくみたいだ。俺は思わずとび退った。

すると、天使がりんりんとした声で、こう言われた。

「痛みに耐えよ。汝の罪を焼き払うには苦しみのほかにない。地獄にとどまれば苦しみは永久、天使に従えば、その苦しみはひと時。どちらを選ぶかは自分で決める。私はなんじの切なる願いにより、福音を伝えに来た者である」

「どうぞお導き下さい。どんな苦しみにも耐えます」

「さらば、われに従え。光は闇を照らす、しかし、闇は光を包みえない」

俺は熱すぎる光にたじろぎながらも、必死で従った。つま先上がりの石ころ道を上ぼると、一木一草もない山頂に達した。彼方を見ると、はるかに広大な沼があって、あるかないかの道が一本、その中を切れぎれに通っている。

その道にさしかかると、俺は熱さでほどほどの隔たりをおいて歩くのだが、天使からさす光が足下を照らして、踏みはずすこともなく進めた。不意に、闇の中から、凶悪無惨の大怪物が現れた。これは憎悪の化身だ。俺は直感でそう思った。

「いったん地獄に入った者が出ることを許さん。戻れ、戻らねば沼に突き落とすぞ！」

天使は落ちつきはらって、片手の十字架を高くかかげて、

「このしるしが目に入らぬか。さまたげるな！」

怪物はあたふたと沼の上へよろけ出て、天使はさっさと道を進まれた。だが、たちま

ち怪物は俺の前に立ちふさがって、跳びかかろうとした。俺はあわてて道を後ろへ走った。天使が戻って来られたので、怪物は再び沼の上へと逃げ去った。

その際、天使は俺の手をしっかりつかまれた。ああ、その熱さといったら！　まるで生きている火をつかんだ感じだった。しかし、後で教えられたことだが、この光の主は、われわれ地獄の亡者救済事業のために、地獄に下りている霊界の人霊にすぎぬということだった。

俺たちは無事に沼の道を通りすぎて、しばらく行ったら、一大都市の前に出た。

「これが欲望の都市である。私の役目はここで終わる」

そう言われると、天使の姿は光とともに見えなくなった。

八、第四境　欲望地獄

I　不倫の都市

俺は思いきって城門をくぐった。まず目に入ったのが、門番とふざけている女の姿だった。いや、門番の面相もうす気味悪いのだが、その女の顔たるや、元は器量もよかったのだろうが、悪徳のシワが深く刻まれて、一目でゾッとするほどだった。

街をぶらついたが、いっこうに要領をえないので、そこへ来たギリシア風の男をつかまえて質問してみた。

「もしもし、ここはいったい何という市ですか」

その男は、けげんそうな顔をして、俺を見つめた。

「君はいったいどこから来たのかね。有名なコリントを知らんのかね。ほれ、コリント湾もそこに見えるじゃないか」

なるほど、目の前に汚れきったドブ池のような湾がある。俺はあきれかえって言った。

「君達はあんなドブ池を風光明媚なコリント湾に見立てて喜んでいるのかね。冗談じゃない」

「そういえばチトさっぱりしてないようだね。理屈はよく分からんが、近頃はお天気まで、このとおりいつもどんよりしていて、チト変だ」

「そりゃそうだよ。君、ここは地獄だからね」

「オイ君、でたらめ言っちゃ困る」男は少し気色ばんで叫んだ、「これというのも、われわれが不老長寿の秘伝を発見したもんだから、神々がお怒りになって、このとおり市を汚なくしてしまった。君は知るまいが、われわれはいつまでたっても死なないんだ。私ももう何千年も生きている。さすがにこの頃は、同じことの繰り返しなので、少々飽き飽きはしているがね。死ねるもんなら、死んでみたいくらいだ」

「そんなら、なぜ、ここから逃げ出さないんです。どうです、私と一緒にもっといい所へ行ったら」

「ウフ……」男はさも軽べつしたように俺を見た、「ギリシアじゃ、ポリス（都市）を出たら生きていけないんだ。いのちあっての物種だからね」

「でも、君はもう死んでるじゃないか。一度死ねば、もう二度は死なないんだ」

「死んでるって？　じゃなぜこうやって生きているんだい。バカバカしい。俺は気違いと話してる暇はないんだ」

男はプイと立ち去ってしまった。

仕方がないので、俺はひとりで街をブラブラ歩いてみた。何というむさくるしさ。街そのものは立派なのかもしれん。だが、どれもこれも建物はこわれて原形の面影がない。それにひどく退廃的で、不潔をきわめている。

ガランとした街並を眺めていたら、そこへ、わっしょわっしょと浮かれた一団の男女の群がやって来た。たちまち俺もその輪の中に巻き込まれてしまった。どれもこれも酩酊《めいてい》して浮かれきっている。突然、二人の女が俺の首っ玉にしがみついた。一人の男がワインのグラスを突き出して「サア君、飲もう！」と言った。俺はついその気になって、いっきにあおった。ワッと歓声が上がって、「飲んだ、飲んだ、また仲間が一人ふえたぞ」、そう言って皆がはやしたて、次々にグラスを差し出した。女どもは俺の身体のあっちこちに、むしゃぶりついた。

俺は永いこと苦しいことばかりで、酒と女に縁がなかったので、うかうかとその手にのせられて、つづけさまにあおった。だが、これがいっこうにうまくも何ともない。苦いような酸っぱいような変てこな味だ。飲めばのむほど渇いてくるので、やたらにあおって、酔ったつもりになって、メチャメチャに騒ぎちらすだけだ。その後は、ここでは書けない、男女のふしだらな振る舞い、ご想像下さい。

その後しらべたところによると、この都市の主要な生活は酒と女で、残忍性はない。時に、色情のためのけんかもあるが、度重なると、コリント市の治安妨害者として、下の残忍地獄へ追放される。奨励されるのは、暴飲・暴食・利欲、中でもここの花形は不倫だ。だから、ここの住人は、地上でのそういう経験者や売春婦のようなたぐいばかりだ。ただ一言ことわっておきたいのは、ここでは何をやっても、満足というものがないことだ。燃えるような欲望ばかりがあって、それを満足させる方法は絶対にない。

コリント市を不倫の都市とすると、欲望地獄にはいろいろな都市がある。不倫専門の都市もパリとか、ロンドン風とか、幾つもの都市があるが、先日少し遠出をしたら、ロンドンの一角のような所へ迷いこんだ。そこは盗人たちが巣食っている市で、お互いに盗みっくらをして暮らしている。だが不思議なことに、盗みに成功すると、すぐにその品物がゴミに化してしまう。あまりのむなしさに、俺もホトホト嫌気がさして、何とかここを抜け出たいと思うようになった。

教会みたいなものがあるのは、この第四境からだ。先日、そこへ行ってみた。牧師というのは、地上であやしげな宗派をおこした男で、うまいこと言って愚民を集め、さんざんうまい汁を吸ったあげく、邪淫がバレて評判をおとしたという経歴の持主である。

ここでも、同じ手口でけっこう信徒を集めている。コケおどしの説教や人さわがせの予言、本人はせいぜい正しいことを言うつもりらしいが、結局は、神を汚し神を傷つけることになってしまう。讃美歌はわいせつきわまる俗謡にすぎなかった。こんなことで、いよいよ俺はこの第四境から出たいと思うようになった。

ある日、パリの広場のような所へ行ったら、人だかりしている。一人の人物を群衆がとり囲んで、さんざんに嘲罵をあびせている。見ると、その人物から後光がさしているので、これは天使に違いないと思った。人々の悪口にまじって、その人の説教に耳を傾けた。神の愛を説き、早く悔い改めて、こんなむなしい世界を出て、光明の世界へ入るようにと訴えている。

「バカ言うな。嘘つくのならこっちの方が玄人《くろうと》だい。だまくらかされてたまるかい。お前の言うヤソ教じゃ、地獄に落ちたら永久に救いはないと、教えてるじゃないか。今さら悔い改めても手おくれだい」

すると別の一人がまくしたてた。

「お前はそのへんの坊主よりゃ看板が一枚上だ。なりは天使みたいだが、こりゃ、おさい銭まき上げる手口だぜ。この前もおんなじやり口で、しこたま巻き上げて姿をくらました奴がいる。ヤイ、もう二度とその手にゃのらんぞ」

たしかに、この男の言うところは本当である、俺もそんなさぎ師に逢ったことがある。しかし、今話してるこの人物は、正真正銘の天使である。俺にはニセ物とホン物の区別は、一目見ればすぐ分かる。俺は群衆が散るのを待って、その天使に近づいた。

II 救いの綱

「あなたが天使であられることは、私には分かります」

俺は必死で言葉をつづけた。

「どうぞ、私をお連れ下さい。もう私はここにはウンザリしました」

「真心からそう思うなら、連れ出さぬでもない」

「心底からの願いでございます」

天使は大きくうなずくと、俺に、神に祈るようにとうながした。もうまわりには人だかりしていたが、俺はかまわず、跪くと、天使の祈りのあとをつけて、真剣に祈った。

天使は「よいか、しっかりついて来なさい。どんな誘惑があっても、私から離れぬよう」そう言って歩き始めた。

街はずれにさしかかると、たちまち妨害にあった。数名の男たちが現れて、俺達の前に立ちふさがった。

「コラッ、無断でここから出ようなんて、ケシカラン奴だ、引返せ！」

「コレッ、邪魔だてするな」天使はリンとした声で言い放った。

「何をッ、このクソ坊主、俺達は取調べるのが仕事だ。お前みたいなタチのよくないのが、時々俺達の仲間を誘かいして困る。こっちへ渡さんと、後でほえづらかくぞ」

天使は片手を上げると、リン然とした面持で、

「神の御名において、退れ！」

そう言うなり、歩を進めた。男どもはその強烈な意志力にはねとばされ、「スパイだ、スパイだ」と口々に叫びながら、しりごみした。

そこへ、一人の女が群衆の中から走り出て、俺の首玉にしがみついた。見ると俺が若い頃だました女だ。女はどうでも俺を引き止めて、地獄で一緒になるつもりだ。これには俺も参った。天使が見かねて、女を引き放してくれた。

そのすきに、初めの男達が俺の喉笛めがけてとびかかった。俺がもてあましていると、天使はその男達の腕に軽く指先をふれた。すると、たちまち火傷のようにそこが火ぶくれになって、男達はキーキー叫びながら逃げてしまった。

俺達は、それから、木も草も花もない、鳥もいない、小砂利の原っぱをしばらく歩きつづけた。やがて行手に、ポツリと星が見えた。地獄で星を見るのは初めてのことだ。

「ああ、あれは休憩所の光だ」

天使はそう言って、ずんずん進まれた。なんでも、そこがこの欲望地獄と上の第五境との境界で、天使の方々の休憩所があるそうだ。

近づくにつれ、光は強くなり、足元がほのぼの明るくなった。よく道を見ると、細い一すじの道だが、大へんによく人の足で踏みならされている。

「誰がこんなに踏みつけたのですか」

「これは地獄の亡者たちを救うために、あちこち行き来する天使たちが踏みしめたものだ。天使たちは地上の暦では数えつくせない遠い遠い昔から、この地獄へ霊界から下りて来て、亡者救済の事業にあたっている」

天使の語るところによると、原始時代ほど精神性が未発達で、地獄の亡者の数が多かったそうだ。それに早死になので、地上で十分果たされなかった欲望を満たそうとして、人間に憑依《ひょうい》したがるので、そのためにも地獄におちる数が多く出たそうである。

だが、知力の方ばかり発達しても、かえって堕落して、これも地獄繁盛の原因になるそうだ。ギリシア、ローマがそのいい例で、現代も同じ危機が近づいていると、天使はやや眉をひそめてそう言われた。

そうこうするうちに休憩所に着いた。休憩所の建物は、質素で頑丈に造られている。窓が一つもなく、入口はせまいドアーが一つあるだけ。その扉に小さな穴が明いていて、そこから光が外へ放射しており、それが私の目に星に見えたのだった。天使がノックすると、ドアーが開けられ、私は誰かに手を引かれて中に入った。中は烈しい光の洪水で私は何も見えなくなった。後ろでしづかに扉の閉まる音が聞こえた。

休憩所の中で何をしていたのか、俺には一切の記憶がない。とにかく馬鹿に光が強いので、俺は盲人同然だったのだ。しかし、何ともいえぬそこには平和があり、俺は心底から心が安まるのを覚えた。誰かがいつもそばにいて、心を慰めるけっこうな話をしてくれる。たえず讃美歌が流れて、俺は身も心も洗われるのを覚えた。

最後に、私を案内してくれた天使がこう言われた。

「貴方は身も心も大へん回復しかけたから、もう一度欲望地獄へ下りて、仲間を一人説得して連れて来なさい。そうすれば、貴方が一度突き放した大事な大事なお方に再会できます」

逆戻りの規則というのがあるそうな。それがこれから先、向上するための条件なのだそうだ。そうとあれば致し方ない。俺は今度は一人で元来た道を引き返した。

不倫の都市に来てみると、まばゆい休憩所よりも、暗いここの方が当時の俺にはよっぽど気持がよかった。しかし、そんなこと言っておれない。俺は早速、救う候補者の探索を始めた。

運よく、もうこの都市に嫌気がさしている一人の女にめぐり逢った。

「そんなに嫌なら、どうしてここを逃げないのだ」と聞くと、

「私は永久に呪われた身の上です。生前は、死後の世界があるなんて知らなかったから、とかく浮世は太く短かく式に生きたの。そしたら、死後の世界ってあるじゃない。いま後悔してるわ」

「だったら、それこそ早くここを出ればいいんだ。俺が案内するよ」

「そんなこと言って、あたし今地獄にいるのよ。地獄におちた者は永久に出られないって、お説教で聞かされたわ。死んで消えるものなら、もう一度死にたいわ。もうおしまいよ」

「いやいや、決してそんなことじゃない。この俺が生き証人さ。坊主の言うことがウソッパチさ。この俺はこのとおり、地獄のどん底から抜け出て、次々といろんな所を通って

来たんだ」

「あら、すると地獄にもいろいろ変わった所があるのね」

「ある段じゃない。下にも上にもある。これから大いに上へ登って行くのさ」

女はじっと俺を見つめて、

「あなたの言うこと本当らしい……しかし不思議な話ね」

「まあ、いいから俺と一緒にいらっしゃい」

「行ってみるわ。しくじったところで、目先が変わるだけでももうけものだわ。こう毎日同じ事の繰り返しじゃ、気が滅入ってしようがない……」

俺はこの女と連れだって、道を引き返すことにした。女の名はエーダといった。

途中は相変らず、俺達を誘惑するもの、チョッカイを出すもの、乱暴するもの、いろいろだった。が、ともかく、目指す方角へ近づいて行ったと思って下され。ただその間に、印象に残ったエピソードを一つ二つ語っておこう。

人ごみのする市場を通った時のことだ。一人の男が大道演説をやっている。何でも、地獄から天国までの鉄道を敷設する、会社をおこそうというのだ。聴衆の多くは、天国などあってたまるかいなどと、罵っていたが、中には、他愛なくその口車にのって、応募する連中もいた。

また、ニューヨークとおぼしき不潔きわまる街を通った時のことだ。新聞社があって、いま丁度、朝刊が発行されたところだというので、一枚買い求めた。その記事の中から目立ったものを紹介しよう。

●二人のスパイ逮捕さる――他の地方から侵入した、宣教師と称するスパイが、不倫の都市の平和を乱したとして、きびしく攻撃してあった。

●地獄の新入り紹介――死んで地獄に送られてきた人々の名簿で、特に有名人については、会見記事が掲載してあった。

●「徳義の敗北」――これは、気まぐれの良心が、どんなに自分と地獄世界を破壊させるかという、近頃人気ナンバーワンの新作劇の紹介。

●そのほか、競馬だの、新会社の設立だの、駆け落ちだのの記事が満載されていた。
エーダは市を出はずれる頃から、心細がって、「怖い、怖い……」と言っていたが、「ホレ、あそこに光が見える」と俺が指さすと、

「ナンテきれいな星でしょう。私死んでから一度も星を見たことありませんわ。早くあそこへ行きましょうよ」と元気を出した。

休憩所に近づくと、光の強さに、今度は「痛い、痛い」と泣き始めた。

「何だこれしき。俺は百層倍ものつらい目にあってきている。あの光が身体の汚れを洗い落として下さるんだ」

休憩所のドアーまで来たら、強い光で、われわれは一時盲目になった。親切な天使たちが、二人の手を引いて、室内へ入れて下さったらしい。

俺が今度入れられたのは、前よりもずっと暗い室だった。それは室に一つの小窓があり、そこから外の闇がどんどん入って来るせいだった。

Ⅳ　守護神とのめぐりあい

闇を通して、その時、今まで耳にしたことのない不思議な声を耳にした。ひどく遠方からなのに、ラッパのメロディーのように、明るくはっきり耳にとどく。

「わが子よ。なんじを私は今まで、ひと時たりとも見捨てたことはない。なんじは私を遠ざけつづけたので、私を見失った。しかし、なんじは今一歩一歩、私に近づきつつあるのを喜ぶ」

「おお、天使さま」、俺は声の方へ手を差し伸ばした。

「今は、光がなんじの目には強すぎて、姿を現すことが出来ぬ。しかし、私の声をしるべに進め。徐々に進むにつれて、私の姿が目に映るようになろう」

室の戸が開いて、天使の一人が入って来て、俺を休憩所の入口とは別の扉から外へ出してくれた。ふと気がつくと、はるかに遠い所に、一点の星のような光があって、そこからどうやら声が発せられているらしい。

「私に従え、導いてあげよう」

何の怖れもなしに、俺は闇の中の、一点の光を目当てに進んだ。

その光から守護神の（これは後からそうだと知ったのだが）、たえず鼓舞激励の声がとどいた。道は険阻な崖を胸を突くようにしてつづいていた。俺は何度もつまづいて、足を踏みすべらせた。中途に洞穴があり、そこから一団の霊魂がとび出して、俺を下の谷間に突き落とそうとした。――が、こつねんと導きの光が、救いのために近づいた。悪霊達は悲鳴をあげて逃げ散った。

もう大丈夫と、守護神は元の位置に戻られた。俺はホッとしながらも、光の火傷で身体のあちこちがピリピリするのを覚えた。それは逃げた霊魂達ほどのひどさではなかったにしても。

やがて、道は滝のところに出た。地上の滝と違い、水はインキのように真黒で、どろどろの泡が浮かんでいる。それに、そのへんの道はツルツルすべって、危険きわまりない。だが、誰かが人工的に足場をもうけたり、たえず道の手入れをしている模様が受け取れた。俺ははじめて守護神にお伺いをしてみた。

「誰が、ここの道の普請《ふしん》をしているのですか」

遠くから、守護神の声がとどいた。

「地獄の休憩所に働く天使方の奉仕の仕事じゃ。この道は地獄の第四境から第五境へと抜ける道で、その安全を守るのも天使達の任務の一つである。下の境涯の霊魂どもが、しばしば隊伍を組んで壊しに来るから、油断は少しも出来ない」

そう言っている間に、光がどんどん増して、行手が明るくなってきた。

「これは、光明の地域に近づきつつある証拠じゃ」

守護神はそう言って、更に言葉を続けられた。

「それに、休憩所の天使達が、われわれが近づくのを知って、神に祈りをこめて下さっているのじゃ。祈りは信念だ。信念は光だ、その光がわれわれを導いて下さるのじゃ」

光は一層強くなった。それでも、俺の最劣悪の部分が燃えつくしているせいか、俺は以前よりも痛みを感じることが少なくなっていた。

とうとう休憩所にたどり着いた。前面の石段を登りつめて扉の前に立った。守護神はなんなく扉を突き抜けて中に入られた。俺は誰かが扉を開いて中に助け入れられた。俺は再びまぶしさで一時盲目となった。だんだん馴れてきたら、小窓の目の下に、黒インキの川が流れているのが見えた。あれを渡ると第五境であると、天使のお一人が教えて下さった。

九、第五境 唯物主義者の国

Ⅰ　働く人々の都市

翌日、守護神に導かれて、インキの川にかかっている橋を渡った。濃霧の闇の中をしばらく進んで行ったら、一大都会に出た。ここはまた何と陰うつな街だろう。あるのは煙突と、工場と、見渡すかぎりの倉庫ばかり。工場の内外に職工がゾロゾロいるので、その一人に尋ねてみた。

「君達はここで何をしているのですか」

「工業さ」

「造った品物はどうするのですか」

「もちろん売るのさ。だがおかしなことに、売った品物はみんな工場へ戻って来る。倉庫ばかり並んでいるのはそのせいさ。いくら倉庫を建て増しても、追っつきゃしない。邪魔になるから一生懸命売りとばすのだが、いつの間にか、一つ残らず戻っている」

「そんなら、焼けばいいだろ」

「焼くって？　むろん焼いてるさ。大きな倉庫をいっぺんに十棟も焼くんだが、やはり駄目だね。すぐにニョキニョキ元に戻ってるんだ」

「では、なぜ製造を中止しないのかね」

「そりゃできない。不思議な力が働いて、どうしたって働き抜かなきゃならんように出来ている。休日なんてまるでない。バカバカしい話だが、性分だから仕方がない。生きてる時分にも、働きづめに働いて、苦労したあげくの報酬がこのとおりだ。五年も、十年も、百年も、いつまでたっても休みっこなしだ」

「君達はきっと、生きてる時分に物質のことしか頭になかったんだ。それで、こうして地獄におちて、同じ事を繰り返すんだ」

「何だって？　地獄とか天国とかあってたまるかい」

「そんなら、ここをどこだと思う」

「知るもんかそんなこと。また知りたくもねえや。ここにゃ寺院もありゃ僧侶もいる。お前みたいな阿呆と話をしている暇はねえ。どりゃ仕事にとりかかろう」

街の広場まで来たら、なるほど寺院が三つもある。俺はその一つに入ってみた。説教というのは、面白くも何ともない。ただ他宗の排斥と、寄付金募集の話ばかりしている。それをもっともらしく、社会改良とか貧民救済にこじつけて、長々と話すだけだ。俺はウンザリして早々にとび出した。

売店ばかり並んでいる一区画があるので、のぞいてみたら、ここも工場と少しも変わりがない。人々は買物に来るのだが、支払ったお金はすぐに買主に戻り、売った品物は売主に戻って来る。

バカバカしいので、俺はとある商店の主人に尋ねてみた。

「もしもし、貴方の売る商品はどこから来るのです？　工場から仕入れるのですか」

「いや、私と一緒にここへ来たのです。私が死ぬ時に店に置いてあった品物ばかりです。どういうわけか、ここから離れたがりません。もう見るのもウンザリしています」

「それなら、商売を止めればいいでしょ」

「冗談いっちゃいけません。商売を止めれば仕事がなくなります。私は子供の時分から、商売ひとすじに生きてきた人間ですからね」

そう言ってプイと横を向いた。そこへ一人の婦人が来て、帽子を買って行った。すると、三分もたたないうちに、その帽子は店に戻っていた。

俺はそこから郊外に出てみた。殺風景きわまる荒地で、廃物が山のように積まれ、草などは一本も生えていなかった。

Ⅱ　眠り続ける人々

守護神から導かれるままに、俺は一つの洞穴のところに来た。不思議なことに、洞穴の中には、沢山の眠る人達がいる。呼んでみたが、誰ひとり起きる者がいない。これには少なからず俺は驚いた。地獄に来て、眠る者など一人も見たことがない。身体がもうないから、睡眠の必要はないのだ。

守護神がこう説明して下さった（もうこの頃には、私と守護神の距離はわりと近くなっ

ていた）

「この者達は、生前、頑固な唯物主義者で、絶対に死後の生命を認めようとしなかった。従って、死後は自己催眠にかかって、生きているのに、死んだように眠りつづけるのである」と。

「いつになったら、目覚めるのでしょうか」

と尋ねると、

「地獄のどん底におちた者よりも、目覚めはおそいだろう。本当は器量は彼らより上なのに、眠りによって悔い改めることがないので、幾代も幾十代もああしたままだろう。長い長い呪いの力が自然に弱まって、天使達の働きかけが効を奏するまで、目覚める時は来ない」

そこを出て、爪先上がりに道を行き、とうとう断崖絶壁ばかり打ち続く地方に来た。崖に沿うて歩いていたら、突然、一人の男が空中から墜落してきて、目の前でとび起きると、どこともなく闇の中へ消えて行った。守護神が

「あれは、この上の第六境から、規律違反のかどで追放された者じゃ。第六境の住人達は、世間体や風儀を重んじ、自分自身は紳士ぶっているが、そのくせ、他人の中傷や悪口にばかり明け暮れている。それぞれ、もう、その先に休憩所の灯りが見えてきた」

ツルツルした道から、断崖の上へ、長い長い階段をやっとの思いで登り切ると、強い休憩所の光が俺を打ち、出迎えてくれた一人の天使の腕の中に、俺は倒れこんだ。

十、第六境　俗物の国

Ⅰ　偽善の都市

休憩所を出ると、相変らずの霧の闇だった。道を右へ右へととるると、(守護神がそう進まれるので)、一大絶壁が見え、その上に城壁があり、その上に更に幾つもの高い塔があった。昨日、追放者が墜落させられたのはあの塔からか、など思っている間に、われわれは灰色の一大都市の中へ入って行った。

市街はわりと立派で掃除がしてある(地獄で清潔らしくなるのはここからだ)。建物はいちおう近代建築で、ロンドンの郊外のようである。ただ、上品ぶっているのに、何の趣《おもむき》もない。味わいというものがまるでないのだ。

劇場があるので、入ってみることにした。さいわい入口にいた紳士に声をかけたら、鼻の先でジロジロ見ながら、

「まだ、どなたからも紹介されていませんが」とぬかしやがった。

「ベラ棒め、こんな所で紹介もへったくれもあるもんか」と言うと、

「乱暴な口をきくお方だ、それでは紳士の体面を傷つけます」

そう言って取りすましている。仕方がないのでおとなしく謝って、どんな芝居がここではかかるのかと尋ねた。

「不道徳なもの、下品なものでない限り、どんな劇でも音楽でも興行されます。当市では市民の風儀が第一ですからな」

「ヘェー」と俺は呆れて、「地獄で風儀などもち出すのはここばかりだ」

紳士は苦笑いして、

「どうも困ったお方だ。この世に地獄などありません。あってもここではありません」

「下らんことを言われるな。このあたりは地獄ばかりさ。立派に地獄に住んでいるくせに、見えすいた体裁のいいこと言ったって通用しない。こう見えても俺は地獄の玄人《くろうと》さ」

紳士はけげんな顔をして、

「貴方はどこからいらした？」

そこで、俺は地獄のどん底から浮かび上がって来た、一部始終の話をした。紳士は後ずさりして、

「貴方は大ボラ吹きか、さもなくば悪漢です。ここは地獄ではありません。たぶん私達は地上のどこかに居るのでしょう。私にならともかく、他の人達にそんなたわごとは話さぬことです。さもないと城壁の塔から下界へ投げ込まれますぞ！」

紳士はプイとして立ち去った。

劇場の中ではミュージカルをやっていた。いや、その下らなさといったらない。音楽は俗曲中の最劣等。すじ書きは中味はからっぽで、もったいぶった素振りとせりふだけの代物《しろもの》。見物人も弱り切って尻をすえている。俺は一幕見てウンザリして外へ出た。

画の展覧会をやっているのでこれも見たが、これなども全くの同様だ。子供の落書きに毛の生えた作品を、気取った建物に、仰々しく陳列してあるだけだ。

街の中央部には、これ見よがしの、ゴシックまがいの寺院があった。今しも、でっぷり太った牧師の祈禱の最中だ。いかにも偽善者ぶった声で、紋切型の祈りの文句を、機

械的に繰り返すだけだ。

その説教もふるっている。参拝に来ない婦人があったら、これは必ず不倫の疑いがある。当市の紳士淑女の名誉のために、必ずあばくべきだ。同情するふりをして自白させ、その夫にはこっそり警告し、牧師の私には直ちに密告せよ。これが当市の悪徳をへらし、公共の美徳を高める、神に仕える道であると。

その後で、明日は大宴会を催すこと、その際、寺院改良の資金調達をすること、信徒の皆様は公共のためぜひ出席願いたいと、しめくくった。

とんだ説教もあるもんだ。俺が寺院を出かかると、聴衆がひそかにこんなやりとりをしている。

「牧師さんは、いつも寺院改良のために資金募集をするが、あのお金はいったいどうなるんでしょう」

「ありゃ、むろん、ポケットの中へねじ込むんでしょうよ」

「そういえば、あの牧師さんには、奥さんのほかに囲い者がいますものね」

「二重生活だもん、うんとお金がかかるんですよ」

あきれはてて物も言えない。が、明日はその大宴会とやらに出席してみようと決心した。

予定より早く出掛けたのに、大宴会場はもうぎっしり埋まっている。取り巻きの婦人連が牧師のそばにいて、牧師が一言いうたびに、先を争って調子を合わせ、その合間には誰彼の悪口を言っている。中には聞くにたえないひどいことも言う。

俺はようやくのことで、チャンスをみて、牧師に話しかけた。

「貴方はキリストを信じますか、それとも、キリスト物語は単なるたとえ話と思われますか」

牧師はもったいぶって言を左右にしていたが、

「要するに、市民達のより高い徳義こそ、神の愛の現れです。当教会はその神の愛の源泉です」と、もっともらしく言う。

「それでは、市民達が道徳を守っていれば、神はなくてもいいのですか」

「そうは申しません。しかし、たしかに一部の市民達には、道徳を守らせる上で、神が必要です。ただ私ほどになると、それはなくてもよいがな」と、つい本音をもらした。

「それから」牧師はそこで胸をそらして、「当市では、不道徳者はきびしく処罰されますから――もっとも、それは私がそうさせるのだが――わざわざ神の御手をわずらわさずともよいのです」

「それでも、神があるから、天国と地獄があり、それで罪のつぐないがあるのではありませんか」

「いいえ、あなた、他言をはばかりますが、死後の生活などは存在しません」

「しかし、現に貴方は地獄にいるじゃありませんか」

「とんでもない。私は夢を見たのです。重病で悪い夢にうなされて、次に気がついたら、ここに来ていたのです。もっとも妻が一緒にいないのは、変には思いましたが。それにここでは誰も死なないのも妙です、葬式の必要が一切ない。ただ、ここの教区の前任者はプイといなくなりましたがね」

「それは、きっともう一段上の地獄へ行ったのですよ」

そう言って、私はここが地獄の一部であることを、私の苦い経験から語りはじめた。

牧師はあわてて手を振って、

「私の立場上、貴方にハッキリ申し渡しておく。私は貴方の話を一切信用しない。貴方は大うそつきか、さもなくば悪魔の手先だ。早々に当市を立ち去りなさい」

そう言うと、牧師はプイと横を向き、そこへ近づいた二人の婦人に、私のことをペラペラ説明しはじめた。

Ⅱ　俗物の学術協会

地獄の第六境の街をぶらついていたら、学術協会らしい建物があった。中をのぞいたら、何やらしきりに討論が行われていた。討論のテーマは「死後の生活の有無」というものだった。

一人の学者ぶった人物が、こう論じていた。

「皆さん、人間が死後も生きているということについては、何の証拠もありません。ある人はこう申します。われわれは一度死んだ、しかし今生きているから、人間は死後も生存するのであると。これは全くの間違いです。われわれは今生きているから、初めから死んでいないのです。つまり、私達は重病にかかった。病気が治ったら、あたりはどんより曇った世界に一変していた。ただそれだけのことです」

「それだから」と別の一人の学者が口をはさんだ、「われわれは地獄にいるに違いない」

「いや、その議論は全くの見当違いです。その証拠に、私達は病気の前とさほど変らず、ここで気持ちよく暮らしているではありませんか。地獄などはありません。あってもここではありません。牧師達はこう説くではありませんか。地獄とは永久の呵責《かしゃく》の場所で、虫さえも死なず、火も消えることがないと。そんな気配はここに一切ありませんな。もちろん、ここの生活はたいくつではあります。つまり天国のようではありません。また逆に地獄のようでもありません。地獄でも天国でもないということは、死後の世界ではないということです」

するとと、二、三人が口をそろえて、われわれは一度死んだ、それじゃ今煉獄にいるんだろうと言った。これには清教徒達が大反対で、煉獄などとはカトリック教のたわごとだ、そんな筈はないと、議場は大混乱におちいった。

やがて、一人の科学者らしい人物が立ち上がって、名論？をはいた。

「私は、自分が死んだことを確かに知っております。但し、現在ここにこうしていることは、一場の夢であります。つまり、人間は死んでも、ほんの暫時《ざんじ》ですが、頭脳の活動は残ります。その間に夢を見るのであります。夢は、ご承知のように、その中で数日、数週間を過ごしたと思っても、覚めてみればほんの五分間のうたた寝であります。夢ですからやがて消えます。一切が終わります。ですから、死後生存などとは、死につつある頭脳のつくる一場の夢にすぎません。ああ、私はこんなこと言ってみても、自分の夢に向かって説法しているようなものです。つまらないことおびただしい」

そう言って、陰気な顔をして席についた。一同はこれにはどっと笑いころげた。

そこで、俺がとび出して叫んだ。

「皆さん、私はこの地を通過する旅人にすぎません。だが、皆さんが私を信じて下さるなら、死後の生命が存在し、ここが地獄の一部であることを証明してみせます。ここより下に行けば、実際に地獄の呵責《かしやく》を受けている人々がいます。いかがです皆さん、私が死んでからここに至るまでの地獄の話を聞いてもらえませんか」

みんなまで言わせず満場総立ちとなり、怒鳴りだし、俺を城壁の塔から突き落とすとおどかした。仕方がないので、あきらめて外へ出た。

すると、一人の男が俺を追って来た。

「いま、貴方が言われたことは筋が通っています。きっと貴方はあちこち地獄を通って、脱出する方に違いありません。私をどうか同行させては貰えませんか？」

その時、私の答えるより早く、その人の守護神が姿を現わした。

「わが子よ、私がなんじを導いて行こう。今までなんじの胸に救いを求める心が宿るまで、じっとそばで待っていた。今こそなんじを光明の世界へと導こう」

その人と守護神はつれだって、どこともなく立ち去った。

十一、第七境から地獄脱出まで

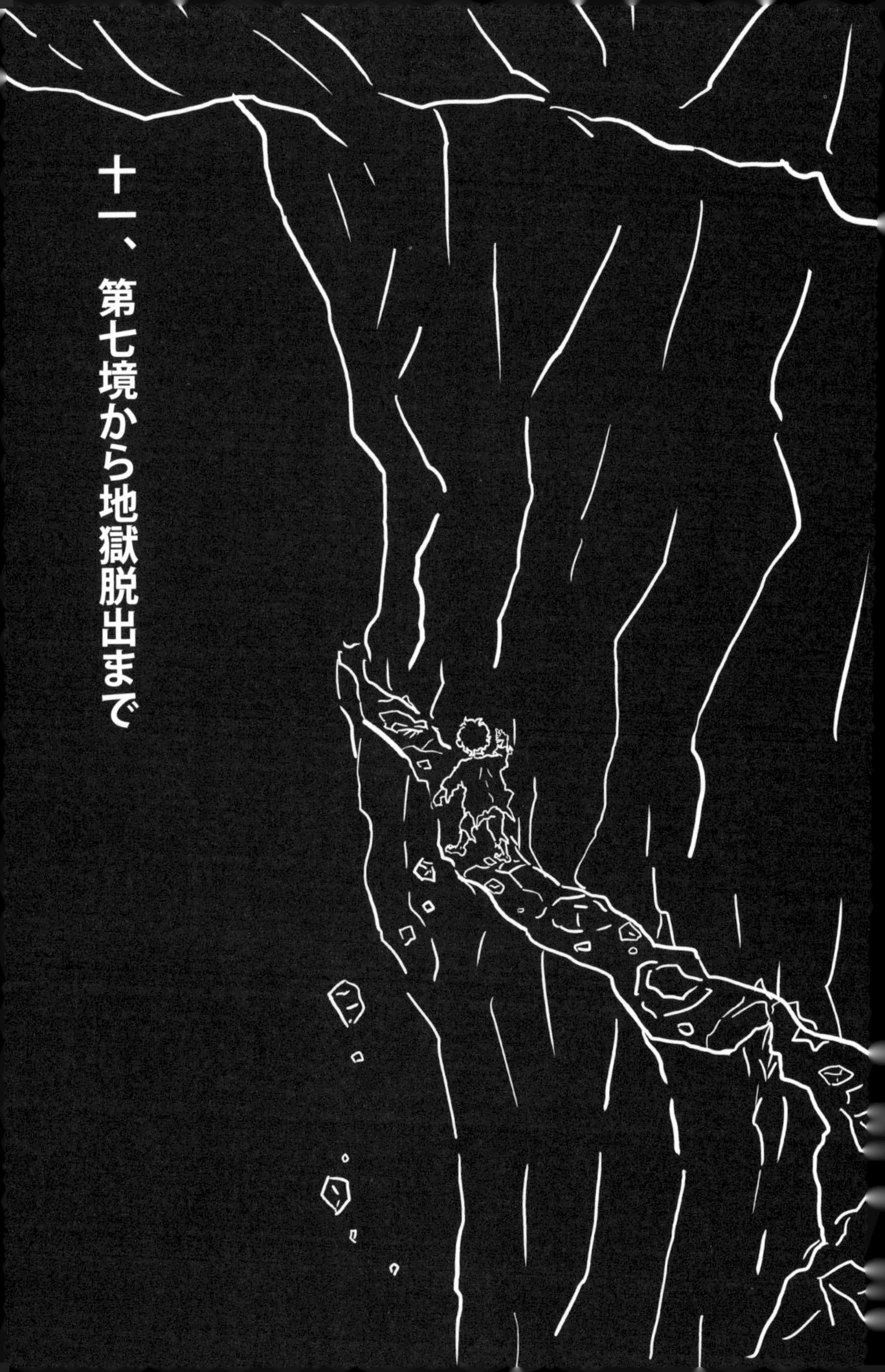

I　第七境の学校

それから、俺は守護神に導かれて、幾つも町や村を過ぎ、山脈のふもとへ来た。そこから頂まで実にけわしい道を登って、ついに頂上に達した。見ると、前の方に休憩所が見える。それは、今までと違って大きく高くそびえたち、大光明が塔から闇の中へ放たれている。

だが、その前に一仕事があった。突然、悪霊の群にとりかこまれ、俺を崖下に投げ落とそうというのだ。俺は念力をこめて向かい、守護神が全身から光明をほとばしらせて立っていて下さったので、悪霊どもは程なく逃げ散った。

その光に俺自身も苦痛を受けたが、ようやく休憩所の玄関に着くと、中から天使のお一人が手を引いて入れて下さった。

その時、守護神が俺にこう言われた。

「これから、しばらく私は姿をかくす。しかし、いつも傍にいるから安心するように」

まもなく、俺はそこにある病院に入れられて手術を受けた。手術がすんだら、驚いたことに、俺は赤ん坊のように小さくなっていた。それは、俺の身体の邪悪分子が削り取られたからである。

それから、だんだん身体が成長して、学校へ行けるまでになった。その地獄の学校でお目にかかったのが、先生のピエトリーさんである。俺は学校で一番の不良少年だったが、ピエトリーさんは俺を見捨てることなく、たいへんお世話になった。学校といっても、地獄の学校は地上の感化院のようなもので、きびしく人間の理非善悪の道を叩き込まれた。悪の道一辺倒だった俺も、こうして、この世には善だの愛だのという、途方もない世界が別にあるということが、少し分かりかけてきた。

そのピエトリー先生が学校を退《ひ》かれることになり、俺も後について上の世界へ昇って行くようにと、しきりにすすめられたので、とうとう俺もそうすることに覚悟を決めた。

Ⅱ　地獄からのエクソダス

いよいよ俺が学校を出る時が来た。地獄越えは、ピエトリーさん等の通る楽な道を通ることは許されない。絶壁をよじ登る一大難路を通らねばならない。守護神が姿を現され、俺はそれに従った。道は山脈の側面にハリついた細い道である。片側は第六境を見下ろす深い谷、見上げれば胸をつく断崖絶壁。暗さは学校で光になれた目には、一層深く暗い。

とある洞穴まで来ると、実に醜悪な大入道がとび出した。

「何者も、地獄から出ることはまかりならぬ！」

彼が俺に手をふれる前に、守護神が十字を切られたので、キャーッと叫んで洞穴にもぐり込んだ。

それからの難行は、永久に記憶から消えぬだろう。一メートル登ってはニメートルすべる。間断なく足元から石塊《いしくれ》がころがり落ちた。守護神はいかにも身軽に登って行かれる。その光で俺の道を照らして下さった。

やがて止まれと言われ、そこは小さな平坦地だった。守護神は俺の両目を包帯で幾重にもきつく縛られた。

「まだ弱い信仰のなんじの目には、半信仰の夕陽の国の光も耐えられまい……」

それから再び前進をつづけた。最後の絶壁に来た時には、これは何としても登れようのない、直立した壁そのものだった。守護神は、

「恐れるな、私が力をかす。これでいよいよなんじの長い地獄の旅も終わる」

そう言われて、守護神に手を引かれ、俺はいっきに上の平坦地へとよじ登った。

何たる、そこの明るさ！　包帯を通しても来る眩しさに耐えられず、俺はただゴロゴロと地面をのたうちまわった。

※　※　※

これから先のことは、ワードさん、すでに貴方がご存じのとおりです。崖の上へはい上がったばかりの俺の所へ、ピエトリーさんが来られて、貴方の叔父さんのリッキー氏に紹介して下さった。それからほどなく、リッキー氏のとりもちで、ワードさん、貴方の身体をかりて、俺の地獄めぐりの通信を、地上に送ることになった。そうですな。

これでようやく、俺の通信事業も終った。さあ、俺はこれから、他の霊魂たちと共に、冥府へ出動します。そこで、大戦のために国家に生命を捧げた、兵士達の救済に当たります。

（陸軍士官の「地獄めぐり」通信は一九一四年二月二十三日に始まり、九月十二日までの半年間にわたり、週一回、ワード氏が霊界の叔父さんを訪問して、そこで陸軍士官の話を聞き、これを地上に伝えるという形で行われてきました。その間、七月末からヨーロッパでは、第一次世界大戦が始まっていたのです）

さいわい俺は冥府のことも、地獄の事情にも通じているので、十分に活動が出来るつもりです。そこで昔の戦友に会えるかもしれませんな。では、皆さん、ごきげんよう。

（完）

ワンネス・ブック シリーズについて

ワンネス・ブック シリーズ について

すべてのもののいのちは一つ（ワンネス）という視点を失った人類が、今、地球に君臨している。鉱物・植物はもちろん、動物もゼンマイ仕掛けの物質と考える文明が科学を生み、科学を手にした巨人（料理人）が、今、物体地球を好みに合わせて料理して食べている。動物・植物の種の断絶の進行、地球温暖化、オゾン層ホールの拡大、癌・エイズなど変成疾患や耐性病菌の増大、核兵器による不断の脅威。これら素材を殺した科学料理のゴミ処理に、今、巨人は立往生している。

すべてのもののいのちは一つ（ワンネス）、地球はまるごと生き物である。この古代ギリシアと東洋の英知に、今、巨人は活路を見出さねばならぬ。だが、科学料理の味に馴れきった地球人の舌には、ピリリと香料のきいた科学的な人間不滅の証明から始めねばなるまい。

そこで、近代心霊研究（霊魂実在の証明）、スピリチュアリズム（墓場を越えてつづく人生）、ネオ・スピリチュアリズム（人間、動植物、地球のいのちは一つ）のフルコース、ワンネス料理を提供する。デザートには、愛の宇宙法則（地球を愛の星にするライフスタイル）で仕上げをして、地球を第四次元的世界（楽園）に導く。

本シリーズは、桑原啓善が「生命の樹」グループで説いた、講話集をもう一度陽の目を見させるために新装再刊したものである。

駄足だがここには、宮沢賢治の「みんなむかしからのきやうだい」だから、人がデクノボー（無名の奉仕の人）になって生きれば、「みんなの本当の幸福」が実現できるという、賢治の夢が重ねられている。

桑原《くわはら》 啓善《ひろよし》（ペンネーム　山波言太郎）

一九二一年生まれ。詩人、心霊研究家。一九四二年より前田鉄之助の「詩洋」同人。日本詩人クラブに一九五〇年創立の年より所属。不可知論者であった学生時代に、心霊研究の迷信を叩こうとして心霊研究に入り、逆にその正しさを知ってスピリチュアリストになる。浅野和三郎氏が創立した「心霊科学研究会」、その後継者脇長生氏の門で心霊研究三十年。

一九四三年学徒出陣で海軍に入り、特攻基地で戦争体験。一九八二〜八四年一人の平和運動（全国各地で自作詩朗読と講演）。一九八五年「生命の樹」を創立してネオ・スピリチュアリズムを唱導し、でくのぼう革命を遂行。地球の恒久平和活動に入る。一九九八年「リラ自然音楽研究所」設立。すべての活動を集約し二〇一二年「山波言太郎総合文化財団」設立。二〇一三年他界。

訳書『シルバー・バーチ霊言集』『ホワイト・イーグル霊言集』『霊の書』上下巻他。著書『人類の最大犯罪は戦争』『日本の言霊が地球を救う』『宮沢賢治の霊の世界』『音楽進化論』他。詩集『水晶宮』『同年の兵士達へ』『一九九九年のために』『アオミサスロキシン』など一五冊。

ワンネス・ブック シリーズ 第五巻

ワードの「死後の世界」

一九九九年 四月二九日 新版 初版第一刷 発行
二〇一五年 八月一五日 第二刷（新装版）発行
二〇二一年 八月一五日 第三刷 発行

編著者 桑原 啓善

装幀 コウ

発行者 山波言太郎総合文化財団
発行所 でくのぼう出版
神奈川県鎌倉市由比ガ浜 四―四―一一
TEL 〇四六七―二五―七七〇七
ホームページ https://yamanami-zaidan.jp

発売元 星雲社（共同出版社・流通責任出版社）
東京都文京区水道 一―三―三〇
TEL 〇三―三八六八―三二七五

印刷所 株式会社 シナノ パブリッシング プレス

ISBN978-4-434-20962-8

桑原啓善（山波言太郎）の関連書のご案内

スピリチュアルな話

宮沢賢治と でくのぼうの生き方（新装版）

桑原啓善 話

定価 1,650 円（10% 税込）
四六判　ソフトカバー　256 ページ

いじめもテロも戦争もなくなる！
本当のしあわせ　利己《エゴ》から利他《アイ》へ ――
桑原啓善のロングセラー本を新装再刊！

新鮮かつ無類の幻想性、不可思議な真実性に満ちた賢治の作品を通して、本書のテーマ「本当の生き方とは何か」にせまっていく。

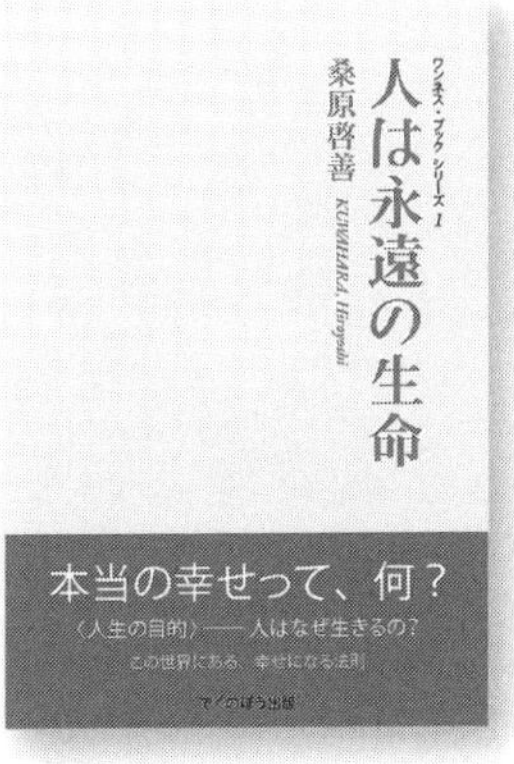

ワンネス・ブック シリーズ 1

人は永遠の生命（新装版）

桑原啓善 著

定価 1,320 円（10% 税込）
四六判　ソフトカバー　240 ページ

本当の幸せって、何？
〈人生の目的〉―― 人はなぜ生きるの？
この世界にある、幸せになる法則

本当の幸せを求めている方、お読み下さい。
身近な方を亡くされた方、お読み下さい。
死がこわいと思っている方、お読み下さい。
心が折れそうになっている方、お読み下さい。